KB234718

고기자의 정체

고기자의 정체

일러두기

이 책의 판형은 125*188이다.

표지와 내지의 재질은 각각 CCP250g, 미색모조100g이며, 표지는 유광코팅
하였다.

서체는 주로 **아르바나**가 쓰였다. 이 밖에 Sandoll 그레타산스 등도 적재적소에
쓰였다.

이 책의 표지는 별색(PANTONE 355C)과 먹의 2도, 내지는 먹 1도 무선 제본
이며, 오프셋 인쇄방식으로 제작되었다.

우리의 자리

고기자의 정체: 쓰며 그리며 달리며

2022년 9월 12일 초판 1쇄 발행

지은이: 고기자

기획총괄: 지다율

편집: 정윤

표지 및 내지 디자인: 기경란

발행처: 출판공동체 편않

등록일: 2022년 7월 27일

홈페이지: editorsdontedit.com

이메일: editors.dont.edit@gmail.com

인쇄: 제일프린팅

ISBN 979-11-979810-3-6 (03070)

ISBN 979-11-979810-0-5 (세트)

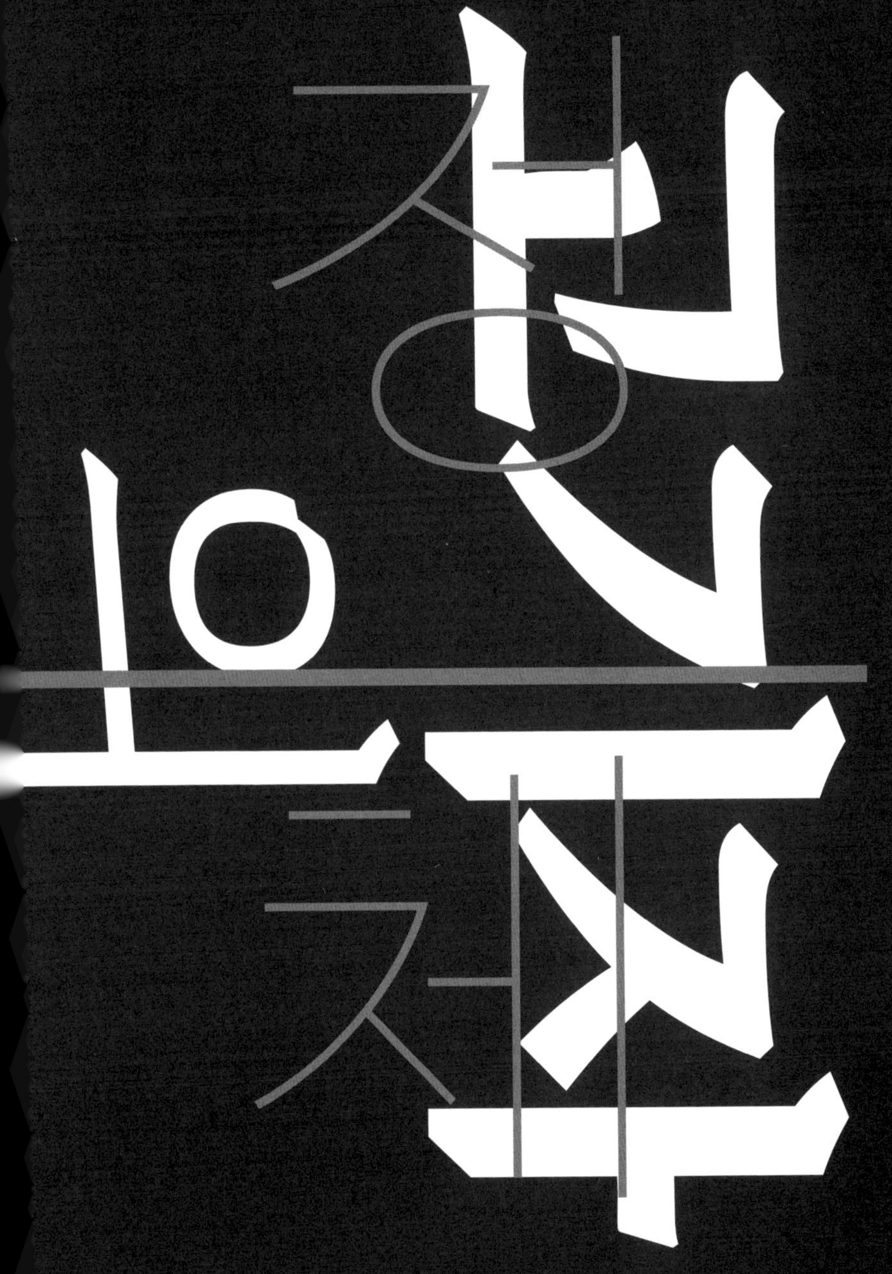

차례

1

들어가며

만약 내가 끝내주는 첫 문장(“행복한 가정은 서로 닮았지만 불행한 가정은 저마다의 이유로…” 수준)을 쓸 수 있었다면 아마 이 글을 쓰지 않았을 것이다. 그러지 못해서 나는 기자가 됐다.

이 글의 첫 문장은 벌써 실패했다는 것이 자명하다. 어렸을 때 한글을 빨리 뗐다는 이유 하나만으로 뭔가 대단한 천재가 될지 모른다는 기대를 한 몸에 받았던 나는 별일 없이 두꺼운 안경을 낀 채 책을 보고, 샴푸통과 과자봉지 뒤에 적힌 글자를 전부 읽는 초등학생이 됐다. 그리고 시키는 대로 적당히 공부하고, 적당히 놀다 보니 생각보다 별 볼 일 없는 대학생으로 자랐다. 그러다 신자유주의와 경쟁, 취업 어쩌고 하는 것들에 제때 올라타지 못했고, 시대에 뒤처지는 바람에 학생회와 공동체운동 등등에 빠지고 말았고, ‘세미나’

같은 것을 하고 술을 마시며 시간을 아낌없이 흘려보냈다.

그럼에도 후회하진 않는다. 땅바닥에 앉는 데에 익숙해지고, 집회현장의 경찰, 〈집시법〉[1] 위반이니 뭐니 하는 (경찰의) 방송과 채증[2]에도 익숙해질 수 있는 시간이었다. 내가 지금 어떤 사회구조적 문제에 대해 이야기할 때 그나마 덜 미운 소리를 한다면 그때의 덕이 크다고 생각한다. 어쨌든 조금이라도 배운 것이 있으면 됐다. 내가 만취해 길에서 잠들어도 나를 버리고 가지는 않겠다고 믿을 수 있는 친구들을 만난 것도 그때였고.

그렇게 살다 보니 어느새 졸업이 다가왔고, 나는 정말로 하고 싶은 게 없었다. 그렇다고 갑자기 시민단체 활동이나 노동조합 상근직 같은 일을 하기엔 용기와 체력이 부족했고, 합법적으로 취업이라는 걸 할 수만 있으면 좋겠다고 생각하곤 했다. 그러면서 공부하기는 죽어도 싫었기 때문에 이런저런 핑계를 대며 그냥 글이나 썼다. 글 대부분이 완성된 형태를 갖추지는 못했지만 쓰기를 두려워해 본 적은 없었다. 빈 화면에서 깜빡이는 커서를 마주할 때도, 백지를 마주할 때도 마찬가지였다.

그때 쓴 글은 자주 발제문이었고 대자보였고 선언이었으며, 가끔은 연애편지와 소설이었다. 그때마다 나는 내가 사실을 써 내

려갈 수는 있어도 잘 만든 가짜를 쓸 능력은 없음을 깨달았다. 내가 쓴 것은 항상 사실이어야만 했고, 그렇기 때문에 대개는 아름답지 않았다. 아름다운 문장을 읽으면 자주 사랑을 떠올렸다. 그러면서 내가 사랑하는 것들에 가까워지지는 못하리라는 걸 그때 이미 알고 있었다. 아, 난 마음에 없는 말은 진짜 못하는구나.

마음에 없는 말을 잘 못하는 탓에 내 구직활동은 가시밭길이었다. 어느 날 운 좋게 올라갔던 대기업 면접에서, 여성보다 남성의 초봉이 높다는 인사팀 직원에게 "그건 왜 그런가요?" 하며 쓸데없는 질문을 던진 게 시작이었다. 굳이 그 자리에서 묻지 않을 수도 있었을 텐데 그 순간을 참아 내지 못했다. 생각해 보면 그런 적이 많았다. 그 순간에 꺼내야 한다고 생각한 말을 결국 내뱉고 마는 건 내 돼먹지 못한 기질 중 하나였다.

그러다 기자를 떠올렸다. 학점이나 영어점수는 덜 보고 '논술'이라는 글쓰기로 평가를 받는다면 나에게도 어느 정도 승산이 있다고 봤기 때문이다. 기자가 된다면 적어도 눈치를 보지 않고 사실을 바탕으로 무엇인가를 쓸 수 있겠다고 믿기도 했다. 한 달에 한 번 월급을 받을 것이란 점도 좋았다. 물론 기자가 되려는 모두가 한 번씩은 다닌다는 '센터'[3]는 한참이 지난 뒤에야 알았다. 난 또

1) 〈집회 및 시위에 관한 법률〉의 준말.
2) 증거 수집. 집회현장에서는 경찰이 사진과 동영상 등으로 현장 참가자를 기록하는 식으로 이뤄진다.
3) 한겨레가 운영하는 한겨레문화센터. 언론사 입사를 위한 논술을 가르치는 강의 등도 제공하며, 언론사 준비생들 사이에서 흔히 '한터'라고 불린다.

바보처럼 '글 쓰고 책 읽는 데에는 돈이 안 들겠다'고만 기대한 것이다. 그리고 그 잘못된 생각은 내 삶에서 거의 모든 비극을 만들어 내는 요소였다.

그래서 졸업을 앞두고는 계속 책을 읽고 글을 썼다. 말이 안 되는 줄 알면서도 그랬다. 그때는 내가 할 수 있는 일이 그뿐이라 생각했다. 낮에는 학원에서 초등학생들과 씨름하고, 저녁에는 영화를 봤다. 주말에는 여덟 시간씩 선 채로 커피를 내렸다. 편하진 않았지만 그렇다고 못 버틸 만큼 힘들지는 않았다. 자꾸 쓰다 보니, 조금씩 근육이 붙듯 내 글에도 힘이 실릴 수 있다는 사실을 믿게 됐다(불행하게도 나는 근육이 잘 붙는 체질이 아니다).

일이 끝나면 밤새 극장에 있을 수 있었고, 출근할 회사가 없으니 아무 때나 전철을 탄 채 책을 읽을 수 있었다. 사실 어떤 날엔 집에서 밤새도록 코에이의 〈삼국지 12〉를 하고서 주변에는 공부하느라 바쁘다고 말하기도 했다. 그동안 미뤄 뒀던 각종 병원에도 다녔고, 세상과 사회를 논해야 한다며 술도 마셨다. 결국 그 과정에서 유의미한 수준으로 늘어난 건 주량뿐이었던 듯하다. 아니면 "친구 집에서 자고 갈게"의 빈도라든지.

다만 세상 일이 대부분 그렇듯 쉬운 것은 없었다. 사실 난 그런 백수 생활이 체질에 너무 잘 맞아서 조금 즐기고 말았던 모양이다. 글쓰기라고는 시늉만 하며 붙은 내 얄팍한 생활근육은 뒷심이 부족했고, 그 탓에 끝을 보지 못하는 경우가 더 많았다. 하다못해 '면접 피드백 클래스'라는 것이 있어서 돈만 주면 내 면접 실력을 평가받을 수 있을 정도로 좋은 세상인데, 나는 그걸 몰라서 최종 면접에서 일곱 번이나 떨어졌다. 도대체 무슨 말을 하고서 장렬하게 탈락했는지 이젠 기억도 잘 나지 않는다. 다섯 번째로 떨어질 때쯤에는 그냥 내가 〈면접관을 웃겨라〉라는 쇼의 주인공이라고 생각하고 면접에 임하기도 했다.

그렇게 약 2년을 보낸 어느 2월 아침, 일어나 〈진·삼국무쌍 7〉을 켜고 성도를 함락하려던 중에 인사팀으로부터 다음 주부터 출근하라는 전화를 받았다. 한 번만 더 떨어지면 다른 일을 알아봐야 하지 않을까 진지하게 생각하고 있던 때였다. 가진 게 별로 없어 마다할 이유가 딱히 없었던 나는 그렇게 기자가 됐다.

지금 이 글을 쓰는 나는 4년 차 기자다. 이 정도면 막내급 중에서 가장 큰 막내 정도는 될 듯하다. 일은 여전히 힘들고 하루에도 수많은 변수를 마주하지만 적당히 요령이 붙었다. 기막힌 첫 문장은 여전히 쓰지 못하고 있지만 급한 마감에 맞춰 빨리 글을 써낼 수는 있게 됐다. 기자가 되기 전엔 기자들이 자기 회사를 '공장'이라고 표현하는 이유를 몰랐다. 그런데 정해진 일과를 처리하고 마감을 맞추다 보니 그게 무슨 소리인지 대강 알게 됐다.

그리고 요즘은 "제가 뭐라고 남들한테 이래라저래라 하겠어요?" 같은 말을 하면서 수습기자들과 함께 일을 하고 있다. 그 친구들이 이런 나를 싫어할 수도 있겠다는 생각에 마음 한편이 아직 무겁다. 그래도 저녁에는 좋아하는 이들에게 술을 살 정도는 되는 생활인으로서 열심히 살아 보려 노력하고 있다.

그리고 그렇게 어영부영, 흐지부지 기자가 된 나는, 지난 2019년부터 넘쳐흐를 것 같은 생각들을 정리하기 위해 따로 그림을 그리고 글을 쓴다. 그러한 작업은 인스타그램 계정 '고기자'(@gogizanim_)를 통해 풀어놓고 있다. 내 이야기를 올릴 때도 있고, 동료들의 이야기를 올릴 때도 있다. 그냥 술에 흘려보내기에는 아깝다는 마음에 그린 그림을 혼자 모아 두려고 만든 공간인데, 어쩌다 보니 내 생각보다는 일이 조금 커진 것 같기도 하다. 때로는 기사쓰기보다 어려울 때도 있을 정도니까 말이다.

고기자는 내 이름을 걸고 만들지 않기 때문에 그 누구의 데스킹[4]도 받지 않는다. "제목이 너무 아프니 고쳐 달라", "이런 걸 더 반영해 줄 수 없느냐” 하는 식의 불편한 전화를 받지 않아도 된다는 것도 꽤 의미 있다. 사실 어렸을 때 만화를 너무 많이 봐서 언젠가 만화가가 되고 싶다고 바란 적이 있다. 이렇게라도 하고 싶었던 일을 하게 되니 가끔은 벅차오른다.

그림을 정식으로 배우지는 않았지만 흉내 정도는 낼 수 있고, 고양이는 내가 사랑하는 동물 중 하나이기 때문에 그리기가 크게 어렵지 않다. 다양한 모습의 인간을 그리기보단 고양이로 표현하기가 더 쉽고, 어떤 편견에도 갇히지 않을 수 있다고 생각한다.

게다가 매일 출근을 할 때마다 만화 소재가 생겨난다는 건 어떻게 보면 창작을 하는 사람에게는 축복이다. 다르게 표현하자면 하루에 한 번 이상은 언짢은 일이 생긴다는 뜻이다. 하지만 어차피 난 기자 일을 시작할 때부터 화가 많아질 것을 대충 알고는 있었던 것 같다.

내 이야기에서 시작하긴 했지만, 내가 쓰고 그리는 ‘고기자’가 오롯이 내 이야기는 아니다. 고기자가 내 ‘부캐’도 아닐뿐더러, 브루스 웨인과 배트맨, 지킬 박사와 하이드 씨 같은 관계는 더욱 아니다. 오히려 나와 비슷한 고민을 하는 모든 이들과 함께하기 위해 만든 존재에 가깝다.

나는 그들이 누군지 모르고, 아마 그들도 나를 모를 것이다.

4) 기사에 가해지는 교정을 일컫는 말. 짐작하건대 언론사에서 부장급 이상 기자를 일컫는 ‘데스크’(desk)에 현재진행형을 뜻하는 ‘-ing’가 붙어 ‘데스크가 하는 일’을 뜻하는 것 같다. ‘데스킹을 보다’, ‘데스킹하다’, ‘데스킹을 거치다’ 등과 같이 쓰인다.

그럼에도 우리는 느슨하게 묶인 채 서로의 자리를 지키고 있다. 우리를 묶어 주는 그것을 뭐라고 부르면 좋을까. '연대'라는 뻔한 단어를 쓰고 싶지 않아서 나는 오래 고민 중이고, 그래서 이런 글을 쓰게 됐다.

해마다 다시 처음으로 돌아가는 기분이다. 지금 이 글을 쓰는 2022년, 여전히 처음 맞는 4년 차에 적응하는 데에 바빠 정신이 없다. 주변에는 슬슬 떠나는 이들이 생겨난다. 회사를 옮기면 적어도 어디선가 마주칠 수도 있겠지만, 아예 직종을 바꾸는 이들과는 만나기 조금 더 힘들어진다. 여기에 공부하러 간다는 이유로 떠난 사람이라면 왠지 붙잡기 미안해지기까지 한다. 그렇게 하나둘씩 사라져 가지만 어쨌든 나는 자리를 지키고 있다. 뿌리를 내리고 싶다는 생각은 별로 없지만, 일단은 지금 이 순간 흔들리지 않기 위해서 온 신경을 곤두세운다.

나는 기자 중 한 사람에 불과하고, 그들 전체를 대변할 수 없음을 잘 안다. 오히려 나는 사회에서 기대하기 마련인 어떤 기자의 전형에서 벗어나 있을지도 모른다. 모르는 사람에게 능글맞게 친한 척하지 못하고, 낯도 많이 가린다. 처음 보는 사람 앞에서는 말을 붙이기도 어렵다. 흔히 기자답다고 말하는 그런 끈질긴 구석도 없다. 몇 시간씩 뻗치기[5]를 하다가 경찰 조사가 끝나 문을 나오는 누군가를 붙잡기엔 내 체력이 너무 부족하다고 생각한다. 오후 6시가 되면 그냥 집에 가고 싶고, 맥주 생각이 난다. 발제[6]가 번뜩이지도, 취재가 꼼꼼하지도 않다. 그렇다고 그 많은 결점을 덮을 만큼 유려한 문장을 써내지도 못한다. 그러니까 난 좋은 기자로서의 덕목을 많이 갖추지 못했다고도 할 수 있다.

그럼에도 이 글을 쓰겠다고 마음먹은 이유는 현장에서 만난 기자들을 좋아하기 때문이다. 비슷한 고민과 어려움을 공유하는 그들에게, 제멋대로일 수 있지만 나는 연민과도 비슷한 감정을 느낀다. 그 연민은 곧 그들과 좀 더 함께하고 싶다는 마음으로 자라났다. 낮에는 함께 일하고, 밤이나 때때로 새벽에 나를 모르는 이들(지금 다시 생각해 보면 나는 가끔 그들을 알았다)은 인스타그램 고기자 계정을 통해 메시지를 보낸다. "완전 제 이야기인 줄 알았어요", "저만 그런 고민을 하는 게 아니어서 기분이 좋아요" 같은 메시지를 받은 날에는 그 작은 화면을 한참이나 들여다본다. 가끔 생각날 때마다 다시 계정에 들어가 똑같은 내용을 몇 번이고 다시 읽는다.

그리고 이제 마지막 문장을 써야 한다. 기사를 자주 읽는 사람이라면 알겠지만 보통 맨 마지막에는 '전문가의 멘트'가 들어간

---

5)   취재 대상이 나올 때까지 무한정 기다리는 행위를 일컫는 은어.
6)   어떤 기사를 쓸 것인지 아이디어와 취재 계획 등을 담은 짧은 글. '발제를 낸다' 등으로 쓰인다.

다. 일단 기사는 끝내야 하는데 적당히 책임은 지기 싫어서 공신력 있어 보이는 누군가의 말이 필요할 때 쓰는 일종의 꼼수이자 형식이다. 지금은 전문가의 멘트라는 '치트키' 없이 내가 책임을 지고 글을 마무리해야 한다. 이 사실이 제법 부담스럽다. 첫 문장뿐 아니라 마지막 문장도 중요한데, 역시 난 제대로 쓰질 못하는 기자인 셈이다. 하지만 계속 현장에 나가고, 부족하나마 글을 쓰고, 사람들과 부딪힐 것이다. 그러는 동안 고기자 역시 계속 그림을 그릴 것이다. 아마 당분간은.

2

역할놀이

"너네들 왜 웃냐?"

어느 날 오후, 사회부 사건팀 선배가 우리를 회사에 집합시켰다. 영등포와 강남, 마포와 동대문 등 서울 곳곳의 경찰서 혹은 길거리에 흩어져 있던 n명의 수습기자가 한꺼번에 회사에 모였다. 주로 회사 노동조합 회의실로 쓰는 작은 방에서, 우리는 할 말이 없었다. 왜 웃느냐고 물으신다면 그저 웃지요.

사건의 전말은 전날 사회부 회식으로 거슬러 올라간다. 아직 주 52시간이라는 문명이 닿지 않은 곳에서 수습기자 n명은 새벽부터 밤까지 '사쓰마와리'[1]를 하고 있었다. 말이 사쓰마와리지 사실상 '하리꼬미'[2]나 다름이 없었다. 첫 보고인 오전 7시에 맞춰 사

---

1) 일본어 '察回リ'[사쓰마와리(さつまわリ), 경찰서 순회]를 발음 그대로 읽은 것. 경찰서 등을 정기적으로 도는 경찰 기자, 혹은 그러한 행위를 일컫는다. 수습기자 역시 사쓰마와리를 통해 기자 업무를 배우기 시작하는 경우가 많다. 종종 '사쓰', '마와리' 등으로 줄여 쓰기도 한다.

2) 일본어 '張リ込む'[하리꼬무(はリこむ), 잠복하다]의 명사형인 하리꼬미를 발음 그대로 읽은 것. 경찰서에 마련된 당직실 등에서 잠을 자기까지 하는, 사쓰마와리의 '하드코어 버전'이라 할 수 있다.

건을 하나라도 얻기 위해서는 그 이전에 집을 나와야 했고, 오후 10시에 마지막 퇴근 보고를 올린 뒤에도 곧바로 집에 갈 수 없었다. 적어도 파출소나 지구대 두 곳은 들러 뭐라도 이야기를 해야 적당히 정리해 보고할 내용이 나왔다. 그러다 보면 어느새 자정이 훌쩍 넘었다. 그런 날이면 모든 걸 포기하고 경찰서 2진실[3]에서 잠을 잤다. 그곳에는 우리보다 좀 더 오래 '사쓰'를 해 왔던 다른 회사의 친구들이 있었고, 다들 잘 씻지 않은 채로 쭈그려 잠을 청했다.

가끔 여유가 생겨서 사우나를 다녀오거나 미용실에서 샴푸를 하는 날은 특별했다. 그런 날에는 개운하게 우동이나 뼈해장국 따위를 먹을 수 있었고 대중교통에 타도 부끄럽지 않았다. (대부분은 부끄러운 상태였다. 전날 밤새 술을 마신 후 첫차를 타고 돌아가는 몰골로 매일을 보내는 정도였으니.)

그런 사쓰를 3주일 정도 하다 보니 저녁 보고를 빼 줄 테니 회식에 필참하라는 말은 오히려 고마웠다. 두 시간에 한 번 해야 하는 보고를 무려 두 번이나 안 해도 되고, 남의 돈으로 술도 마실 수 있다니 그런 기회는 흔치 않았다. 이미 한잔 걸쳐 우리 이름을 기억하지 못할 선배들과 쭈뼛거리며 인사를 하고, 주는 술을 받았다. 수습이라는 이유로 돌아가면서 한 번씩 건배사를 외쳐야 했지만, 말도 안 되는 건배사를 하는 것도 경찰서 민원실에 어색한 이방인으로 앉아 있기보다 훨씬 나은 일이었다. 그래서 계속 술을 마셨고, 다들 웃기에 웃었다.

“너넨 사쓰가 장난 같아? 그렇게 풀어져 있으면 어떡할래?”

억울함이 밀려왔다. 풀어진 꼴이 보기 싫으면 회식에 부르지 말고 차라리 경찰서나 뺑뺑이 돌리든가. 필참이니 꼭 늦지 말고 오라고 할 땐 언제고, 이제 와서 갑자기 화를 내는 건 또 무슨 일인가 싶었다. 만약 우리가 그 자리에서 활발하게 웃지 않았다면 숫기가 없다느니, 그래서 기자 생활 어떻게 하려 그러냐느니 따위 말을 들었을 것이다. 그렇지만 혹시라도 억울한 내색을 보였다가는 이 회의실을 영원히 빠져나가지 못할 수도 있었다. n명의 수습기자는 가만히 고개를 숙인 채 눈알만 굴렸다.

“너네가 어떻게 하느냐에 따라 달려 있는데, 지금 너희 태도는 진중하지 않은 것 같다. 이 기간을 어떻게 보내느냐에 따라 너희의 기자 인생이 결정되는 거야. 너넨 누가 누구를 폭행해서 잡혀갔다 따위로 첫 바이[4] 나가고 싶어서 그러냐?”

‘누가 누구를 폭행해서 잡혀간 건 중요한 일이 아닌가?’, ‘폭력을 당한 누군가의 세상은 그만큼 상처 입은 걸 텐데, 그 과정에서 억울함이 있었다면 그건 쓸 만한 일이 아닌가?’ 하는 의문이 들었다.

---

3)　대부분 언론사 사회부에서는 서울 내 경찰서를 인접한 곳끼리 묶어 8~9개 정도의 ‘라인’으로 분류한다. 예를 들어 마포 라인은 마포경찰서, 서대문경찰서 등을 포괄한다. 그러한 라인 하나를 총책임지는 기자가 ‘1진 기자’고, 그다음이 ‘2진 기자’가 된다. 1진 기자실에는 주로 1진이, 2진 기자실은 2진 이하가 주로 들어가기 때문에 ‘구역’에 차이가 있다.

4)　바이라인(byline)의 준말. 바이라인은 기사 앞이나 뒤에 기사를 작성한 기자의 이름, 이메일 주소 등을 표기한 부분을 일컫는다.

위대한 기자라면 그런 사소한 일에는 분노하지 않으며, 첫 바이라인에도 응당 거대한 '[단독]'[5]을 달아야 하는 걸까? 그 순간, 포털 사이트에서 선배의 이름과 '단독'을 함께 검색하면 어떤 기사가 나올까 하는 배은망덕한 생각도 아예 안 든 것은 아니었다.

그렇지만 군기 잡기라는 거대한 역할놀이에 참가하는 중에 그런 행동은 금물이었다. 나도 모르는 사이에 참가하게 됐다는 게 가장 큰 문제였지만 말이다. 그리고 그렇게 반복해서 역할놀이를 할 때마다 나는 슬그머니 그 세계에 발을 끼워 넣었다. 문이 닫히지 않게끔 하는 작은 발. 그 세계에 들어가기 위해 아픈 발 정도는 감수해야 했다.

"어, 뭐해? 수고들 하고."

회의실 문을 열어 빼꼼히 들여다본 이는 사회부장이었다. 아마 부장이 이 역할놀이를 사주한 사람이었을 것이다. 그렇게 보면 괜스레 무게를 잡는 선배도 이해가 갔다. 가끔 역할에 너무 심취하면 그럴 수도 있다. 수습기자 n명 또한 무섭게 혼나고, 사쓰를 하면서 '깡'을 배우는 역할을 충실히 수행하면 된다. 우리는 해마다 이 역할놀이를 반복해 왔고, 아마 n명의 수습기자 중 하나는 몇 년 후 선배 역할을 맡게 될 것이다. 그건 대본은 물론 연출조차 없는 연극이라 잘못된 연기를 변주하는 일 말고는 할 수 있는 게 없다. 물론 제목은 있다. 〈언론계의 폐습〉 정도로 해 두자.

사람의 목숨처럼 중요한 것을 다루는 직업일수록 군기 잡기가 세다고 들었다. 의사와 간호사 등등. 그리고 기자 역시 그에 해당한다는 이야기를 들은 적이 있다. 사실을 목숨처럼 중요히 여겨야 한다는 수많은 저널리즘 명언은 굳이 여기에 적지 않아도 될 만큼 많다. 저널리즘은 사회의 공기이기에 사실을 엄정하게 다뤄야 한다. 그래서 그만큼 무겁게 받아들여야 한다는 점 또한 잘 안다.

다만 하고 싶은 말은, 그런 이유로 저런 연극을 정당화할 수는 없다는 것이다. 우리는 그렇게 너무 많은 동료를 떠나보냈다. 일터를 함께하는 동료이자 시민이고 동반자였던 사람들을 고작 저런 이유 때문에 무대 밖으로 내보내는 건 잔인한 일이다.

이제는 언론계에도 주 52시간이라는 빛이 곳곳을 비추고 있다. 최근 몇 년 새 들어온 수습기자들은 오전과 오후로 조를 나눠서 사쓰를 한다. 그들에겐 점심을 챙겨 먹을 수 있는 시간이 주어지고, 적으나마 교통비도 나온다. 하지만 현장은 여전히 쉽지 않다. 단순히 제도와 인식의 변화로 해결하기 어려운 점도 많다. 아무런 업무 매뉴얼도 없고 인수인계를 받은 것도 없는데 갑자기 보고를 만들어야 하고, 연락처를 구해야 하고, 사건이 발생한 현장의 주소

5)   기자가 독립적인 취재를 통해 얻어낸 사실. 다른 언론사들에 알려지지 않은 사실을
      기반으로 쓰는 기사의 제목 앞에 주로 [단독]이 붙는다.

와 각종 피고인의 이름을 알아내야 한다. 갑자기 사건을 '확인'[6]하라고 하는데, 확인을 하려면 경찰서 과장의 연락처를 알아야 하고, 연락처를 알기 위해서는 명함도 주고받을 겸 과장과 차 한잔 정도는 같이 마셔야 하고, 정작 과장들은 자리에 없고…… 그래서 결국 확인을 할 수 없어 방법을 물어보면 아무도 알려 주지 않는다. 기자란 원래 그런 일이니까.

그러다 보니 어느 정도 인이 박히고 좋지 않은 버릇이 생긴 사람만 남게 된 것일지도 모르겠다. 이곳에 없는 건 연출만이 아닌 셈이다. 이곳에서는 인간소외를 만들어 내는 것이 첨단기술 따위가 아니라 '없음'이다. 다른 누구보다 인간 틈을 누비면서도 종종 '없음'을 느끼고 '비어 있음'을 받아들이는 게 이 업(業)일는지도 모른다.

그럼에도 책상 앞에 앉은 부장들이 "요즘 수습들은 일이 어렵지 않은 모양이다", "사쓰인데 얼굴이 좋아지는 게 이상하다" 하는 말을 폭력적으로 내뱉을 때, 나와 같은 젊은 기자들은 다시 잘못된 연기를 해야 하는지 고민하게 된다.

최근에 난 "혹시라도 회사 들어올 일이 있거나 데스크[7]와 점심 먹는 자리가 있으면 힘들어 죽겠다고 우거지상을 하고 있어라" 같은 이상한 연기 지도를 했다. 이미 실패한 연극은 지금 이 순간에도 이상한 방향으로 흘러가고 있는 것이다. 왜 웃느냐고 묻는 선배와 삐걱대며 합을 맞췄던 나는 이제 눈치껏 힘든 척을 하라고 시킨다. 배려랍시고 한 조언이었지만 연극을 보는 사람들에게는 이상하게 느껴질 듯하다.

이 막을 내릴 수 있는 방법을 난 잘 모르겠다. 그리고 또 다른 잘못이 이어진다. 영화 속 조커 역할에 너무 심취한 나머지 상대 배우들에게 살아 있는 쥐나 죽은 돼지 따위를 보냈다는, 내가 별로 좋아하지 않는 배우의 일화처럼 기자라는 역할놀이에 심취해 버린 사람들이 암약한다. 그들은 이게 역할이라는 사실을 아무래도 잊어버린 듯 보인다. 그 사실을 굳이 지적하자면 수고로움은 물론 상처마저 감수해야 한다. 술에 취했다는 이유로, 연차가 많이 쌓였다는 이유로 가해지는 새로운 폭력 사이에서 그들은 자신의 역할만을 기억하고, 고개 숙이고 눈알을 굴리던 수습기자로서의 자신은 기억하지 못하기 때문이다.

이런 일들은 보통 쉽게 공론화되지 않는다. 사실을 새롭게 발굴하고 공론화하고 사회적 의제로 만든다는 언론의 본령에 비추어 볼 때 사뭇 역설적이다. 대신 사쓰 때 벌어진 여러 좋지 않은 일이 '받은글'[8]이 되어서 돌아다닌다. 처음에는 그냥 말싸움을 했다는 내용이 나중엔 손이 올라갔다느니 육탄전을 벌였다느니 하며

---

6) 타 언론사가 낸 단독 기사 및 사건 기사 등의 사실 여부를 '확인'하라는 뜻이다.

7) 언론사 내에서 부장 이상 직급을 단 이들을 주로 데스크(desk)라고 일컫는다.

8) 기자들 사이에 도는 일종의 '찌라시'에 달리는 머리말. '받은글) 찌라시의 내용'의 형식으로 쓰인다.

점점 발전하곤 한다. 돌아다닐수록 살이 붙어 괴담이 되어 가는 형체 없는 이야기들은 쉽게 유령이 되어 업계를 떠돈다. 그렇게 지상을 떠나지 못하는 원혼이 되어 버렸기 때문에 우리는 평생 변할 수 없는 것일지도 모른다. 들러붙은 것은 쉽게 떼어 내지 못하는 법이다. 가짜뉴스를 누구보다 싫어한다지만, 잘 만들어진 가짜와 유령 이야기를 좋아하는 건 어쩔 수 없는 본성이기도 하다.

그렇지만 조금은 변하길 원하는지도 모른다. 미디어 비평을 주로 하는 매체들은 이제 받은글을 받아넘기는 대신 취재를 해 보고, 가끔 사실 여부를 확인한 내용으로 기사도 낸다. 내가 좋아하는 말은 아니지만 "기자는 기사로 말해야 하기" 때문이다. (그냥 평소에 서로 대화를 좀 잘 하자!) 그렇게 조금씩 변하다 보면 우리의 진부한 역할놀이도, 사쓰도 더 다른 모습으로 변할지 모르는 일이다.

누군가는 그래서 취재하고 기록한다. 대단한 단독이 아니더라도 기록하는 것은 중요하다. 내용이 같은 기사가 하루에도 수없이 쏟아져 비슷비슷한 글을 단 수많은 바이라인이 넘실거린다 해도, 모두 자신만의 기록을 남겨 온 이들의 이름이다. 거창한 것은 아닐지라도 고기자 역시 그런 일들을 기록하고 싶기에 그림일기를 쓴다. 우리는 그래서 변해 올 수 있었고 변해 갈 수 있을 것이다.

마지막으로 짧게 고민. 요즘 고기자는 자신이 '꼰대'인지 자주 고민한다. 나름대로 후배들에게 꼬박꼬박 존댓말을 사용하고, 후배들이 써 온 기사에도 자세히 첨삭을 달아 주지만 내가 지금 서 있는 위치가 그들과 같지 않다면 그들이 어떻게 받아들일지 잘 모르겠다. 막내 중 가장 큰 막내는 무슨 역할을 해야 할지 아직도 알 수 없다. 선배로서의 일이 처음이기 때문이겠지만, 나에게도 닮고 싶지 않은 선배의 모습이 있을 수 있지 않을까. 아직도 어색한 역할놀이의 일부로서, 나도 완전히 자유로울 수 없다는 사실이 가끔, 아니 자주 괴롭다. 하지만 생각을 하지 않을 수는 없기에 이 찔리는 마음으로 그림을 그리고, 인스타그램을 찾게 되는지도 모르겠다.

3

뒤로

어차피 '모두가 다 아는' 이야기라면 브리핑만 들어도 쓸 수 있다. 아니다. 사실 브리핑을 들을 필요도 없다. 지난밤의 과음 및 숙취, 지각 등으로 인해 브리핑에서 자리를 지키지 못할 상황이 생겼다면 같은 출입처 친구들에게 빨리 연락을 돌린다. "제가 늦을 것 같은데, 혹시 풀 좀 공유 부탁드릴 수 있을까요?"

'풀'이 어디서 유래한 단어인지는 잘 모르겠으나, 현장에서 나온 발언자의 말과 질의응답 등을 정리한 내용을 일컫는다. '풀을 짜다', '풀에 들어가다', '풀을 받다' 등 다양하게 활용할 수 있다. 기자들이란 세간의 이미지보다 대체로 친절하고 서로를 잘 돕기 때문에 풀 주고받는 일을 아끼지 않는다. 그러니 현장성이 느껴지는, 오타가 몇 자 찍힌 풀을 받고 고마움을 표시한다. 커피를 사고, 다음 기회에 내가 풀을 주면 괜찮다.

만약 풀을 받지 못했어도 방법은 있다. 미련을 버리고 통신사에서 날리는 1보, 2보, 상보, 종합을 보면 된다. 보통 브리핑 가장 앞부분에 밝히는 중요내용이 1보 혹은 속보를 달고 나가고, 2보와 상보를 거치며 기사가 점점 길어진다. 브리핑 이후 이어지는 현장 질의응답 등을 반영한 기사는 종합이라는 이름으로 나간다.

단상 마이크 앞에서 이야기하는 브리퍼의 모습은 우리가 텔레비전 뉴스에서 보는 대로다. 그 자리에서 바쁘게 타자를 치는 기자들의 모습도 가끔 볼 수 있을 것이다. '모두가 다 아는' 뉴스와 기사는 그렇게 만들어진다. 공개된 내용이기 때문에 누구나 쉽게 베낄 수 있다. 우후죽순으로 나오는 기사는 보통 그렇게 작성된다. 통신사 소속이라면 조금 더 서둘러 쓰는 게 중요하겠지만, 그렇지 않다면 담배 한 대를 피우고 나서 써도 괜찮을 무게감의 기사일 때도 많다.

그렇지만 문제는 모두가 다 아는 내용은 별로 중요하지 않다는 데에 있다. 브리핑 뒤에는 '백블'(백브리핑)[1]이, '백블'의 뒤에는 '백백블'(백브리핑의 백브리핑)이 있는 법이다. 표면적인 기사는 브리핑만 들어도, 풀만 받아도 쓴다. 그러나 왜 브리핑에서 그런 내용이

밝혀질 수밖에 없었는지 더 세밀한 배경을 알려면 브리핑 뒤에 이뤄지는 브리핑을, 그리고 그보다 더 '말이 되는'[2] 이야기를 듣기 위해서는 그 뒤의 브리핑까지 지켜봐야 한다는 뜻이다.

　　그리고 백백블에서도 나오기 어려운 말은 최후의 뒷자리에서 나온다. 그 최후의 뒷자리는 주로 술자리다. 적어도 술자리에서 맺은 한국적 친분이라는 맥락 없이는 물어보기 껄끄러운 내용을 알기 위해선, 결국 술자리가 필요하다. 나는 쉽게 취하고 사람 만나는 일이 어렵기에 그런 자리가 항상 힘들다.

　　어차피 볼 수 없는 달의 뒷면을 보기 위해 고군분투하듯, 나는 그 뒷자리들로 내 존재를 증명해야만 했다. 뒷면을 보기 위한 자리들은 애매하다. 점심시간에 만나는 일이야 '점심 미팅'이라고 부를 수 있다. 하지만 퇴근 후 만남은 어쨌든 개인시간을 쓸 수밖에 없기에 시간 외 노동이라고밖에 생각할 수 없다.

　　그리고 그런 자리들이 나는 어렵다. 숨겨져 있는 것, 더 가까워져야 알 수 있는 것이 항상 있다는 사실이 어렵다. 사람을 만나고 알아 가는 일이 대부분 그렇지만, 기자의 일에선 특히 이 부분을 구분하기 모호하다. 어디까지 일이고, 어디부터 일이 아닐까? 우린 어디까지 가까워져야 하고, 어디까지 가까워져도 될까?

---

1)　　공식적인 브리핑 이후 진행되는 비공식적인 브리핑.
2)　　기자들 사이에서 '기삿거리가 된다', '쓸 거리가 된다' 정도의 의미로 쓰는 표현.

그런 애매함 속에서 어쨌든 '밥약'(밥 약속)을 잡는 일은 우리 업무의 일환으로 자리 잡은 듯하다. '시간 되면 밥 한번 먹자'는 한국적 관습이 일이라는 테두리 안에서 가장 극대화된 영역이라고 나 할까. 밥 한 끼도 같이 먹지 않은 사람보다는 한 끼라도 함께한 사람이 마주하기 낫다. 자주 본 상대라면 좀 더 편할 것이다. 그런 맥락에서, 밥약은 더 원활한 취재를 위해 꼭 필요한 업무가 됐다. 밥약이 없으면 일 안 하는 것처럼 보인다는 불안감이 드는 것도 그런 이유다. 그래서 별것 없는 통화를 하면서도 "점심이나 한번 해요", "언제가 편하세요?" 같은 아무 의미 없지만 동시에 의미 있는 말들을 주고받을 수밖에 없다.

가끔 기자로서 잡았던 첫 밥약이 생각난다. 상대는 어느 경찰서의 형사과장이었다. 저녁이었고 눈이 되기에는 조금 모자라서 얼다 만 비가 왔다. 먹는 데에 큰 관심이 없어서 식사 메뉴를 잘 기억하지 못하는 편이지만, 그날 오리탕을 먹었던 건 생각이 난다. 형사과장과 강력계장, 그리고 형사 몇 팀인가의 팀장이 같이 나왔다. 나는 함께 '사쓰'를 하던 다른 회사 수습기자 한 명과 그 맞은편에 앉았다.

"우리 기자님들, 항상 수고가 많으시니 한잔 받으시죠" 하며 과장은 맥주잔에 맥주를 붓고 소주를 조금 탔다. 과장은 대학을 다니는 딸과 아들이 있다고 했고, 그래서 우리를 보면 자식들이 떠오른다고 했다. "감사합니다" 하고 잔을 부딪치고, 고개를 살짝 옆으로 돌려 '원샷'했다. 경찰대학 출신이 아니었던 과장은 순경부터 시작해 과장까지 올라온 자신의 이야기를 들려줬다. 과장은 1990년대 마약사범을 잡았던 것, 조직폭력배를 상대했던 것 등을 이야기하며 술을 마셨다.

나는 입으로 들어가는지 코로 들어가는지도 모르는 채 술을 받았다. 숟가락질은 하는 둥 마는 둥 했고 배는 쉽게 차지 않았다. 먹은 것이 있어야 체하는 줄로만 알았는데, 먹은 것 없이 체한다는 말을 그날 처음으로 이해했다. 이후로 한동안 입맛이 돌지 않았다. 빨간색 국물만 보면 기분이 좋지 않았다. 20년이 넘게 '얼큰든든'을 추구해 온 나에게 그런 경험은 즐겁지 않았다.

수습을 떼고 나서도 밥약은 고역이었다. 나는 한 명의 사람이기보다는 특정 매체, 특정 부서에 속한 n년 차 기자로 정의됐다. 내가 그런 식으로 꼬리표가 붙은 채 관리되고 있다는 의심이 들었다.

어느 자리에 나갈 때나 밝고 유쾌한 모습이고 싶었지만 그러기 쉽지 않았다. '오디오'[3]가 비는 것이 불편해서 시키지도 않았는

---

3) 음향, 즉 말소리. 오디오가 비었다는 말은 곧 그 자리가 조용하다는 뜻이다.

데 강박적으로 개인사를 풀어놓고, 자학개그를 하고, 굳이 말하지 않아도 되는 이야기를 억지로 꺼내 놓을 때면 내가 참 아무것도 아니라는 생각이 들었다. 그러면 내 나이대 자식이 있다는 '홍보맨'들은 그냥 웃는다. 나랑 나이가 비슷한 홍보맨4)들도 그냥 웃는다.

나는 혹시라도 내가 그들 사이에서 뒷말의 대상이 되지 않을까 두려웠다. (자의식 과잉일까?) 내 이름을 건 기사가 하루에도 몇 건이 나가니, 이름만 검색하면 바로 찾을 수 있는 그 글들을 그들이 돌려 보고 비웃을까 봐 무서웠다. 내 소속 매체 이름이 꼬리표처럼 따라다니고, 나와 출입처가 겹치는 이들과 비교당할 것 같았다. 그리고 나는 그 느낌이 싫었다. 내가 일을 못하는 건 어느 정도 사실이겠지만, 일을 잘 못한다고 이름이 나는 건 또 다른 일이었다.

그럼에도 나는 계속 뒷자리를 향해야만 했고, 그래서 이런 마음들을 속으로 삼켰다.

경제 관련 부서에서는 그런 게 힘들었다. 범인을 때려잡는 이야기, 악성 민원인 이야기, 어려움이 있어도 추진해야 하는 정책 이야기라면 듣는 게 좀 나을 텐데, 돈 이야기는 할 때마다 겉돈다는 느낌을 받았다. 나는 아직 학부 학자금대출을 갚는 중인데 누구는 어디에 투자해 얼마를 벌었다, 몇 년 전에 사 두었던 아파트가 몇억

이 올랐다 운운하는 이야기를 들으며 그냥 술만 마셨다. 이 글을 쓰고 있는 현재도 코로나 바이러스 감염증(코로나19)의 여파는 계속되고 있고, 그 때문에 누군가는 삶에서 많은 것을 포기해야 했음을 안다. 또한 빈부격차라는 교과서적 단어만으로는 충분히 표현하기 어려운 구조적 문제가 점점 깊어지고 있음을 안다. 그럼에도 나는 아는 대로 살지 못했다. 나는 그런 식으로 비겁하고 별로였다.

이 술을 마시면 기사에 "그렇게 돈을 받았으니 '빨아 주는' 기사나 쓰고 있지 않냐?"는 댓글이 달릴 것을 알았다. 그러나 "모 기업 관계자는", "모 업계 관계자는" 따위로 시작하는, 필요하지만 필요 없는 말들을 얻어 내기 위해 나는 그 자리를 지켰고, 그렇게 한통속이 되곤 했다. 그러면 그들은 기사에 제목을 단 사람이 내가 아님을 알면서도 "제목이 너무 아프네요" 같은 말을 스스럼없이 던졌고, 나는 웃으면서 "사실이라서 썼는데, 제 마음대로 고치기는 또 어려운 거 아시잖아요" 하고 답했다.

"그럼 저희 차장이랑 부장한테도 말씀드려 볼게요. 하지만 말씀만 드리는 거고, 어떻게 될지 저도 잘 모르긴 해요."

지옥에서 석류 몇 알 먹었다는 이유로 일 년 중 몇 달을 지옥에서 보내야 했다는 페르세포네의 이야기처럼, 나는 내 인생의 일부를 그런 식으로 지옥에 묶어 뒀다. 뒤로, 더 뒤로 가기 위해 맞어

---

4)　가끔 홍보 담당자를 칭하는 표현. 그들의 자칭일 수도, 애정과 친근감을 담은 '타칭'일 수도 있다.

온 관계들이 가끔 소름 끼칠 정도로 거북했다. 그러나 단독은 뒤에서 나오기 마련이고, 나는 계속해서 단독에 실패했다.

모두가 아는 브리핑 이상을 써야 한다고 생각은 했지만, 몸과 마음 모두 제대로 따라 주지 않았다. 욕심도 부족했겠지만, 그보다는 그렇게까지 하고 싶지 않다는 생각이 들었다. 그보다는 거짓말을 하지 않을 수 있으면, 무리하지 않을 수 있으면 좋겠다는 마음이 더 컸다. 내 그릇이 작은 탓이라고 어느 정도 합리화를 마쳤지만, 여전히 내가 뭐라도 하고 있음을 보여 줘야 할 때가 오면 금방 무리를 하고, 곧 후회한다. 반복되고 교차하는 무리와 후회의 이 주기가 맞물리는 순간, 아마 이 일을 그만둘 수도 있겠지. 이렇게 난 아직 다가오지 않은 시점의 일을 상상하고, 지레 힘들어하기도 한다.

물론 내가 기자로서 가져 온 수많은 자리가 다 나쁘지는 않았다. 당연히 좋은 사람들도 많다. 새로운 곳으로 발령이 나 오랜 기간 일하던 곳을 떠나며 멀어진 이들과 아직 연락하기도 한다. 이전에 만났던 이들을 새로운 자리에서 다시 만나는 우연한 경험을 할 때마다 반갑기도 하다.

사람 사는 세상은 보통 그런 모양이 아닐까. 그러므로 나와 함께했던 사람들을 전부 나쁜 이라고 몰아가려고 이야기를 꺼낸 것이 아니다. 오히려 그 좋은 사람들이 있음을 알기에 이 글을 쓰고 있다. 어렵지만 뒤를 향해야 하는 사람들, 쉬이 뒤를 내어 주지 않는 사람들, 때로는 뒤를 내주고 정말 친해지는 사람들. 이들로 인해 새로운 이야기가 태어나고 맥락은 두터워진다. 고작 '관계자'라는 이름으로 가리기에 그들은 너무 큰 존재다. 이 모든 것 역시 공존할 수 있는 또 다른 사실들이다.

그 다양한 사실 사이에서 내가 길을 자주 잃는다는 게 가장 어려운 문제인 듯싶다. 뒤로 가는 도중 길을 잃는 이가 나만은 아닐 것이다. 기억하기 어려울 정도로 숱한 술자리에서 서로 나눴던, 그리고 고질적인 '떼밥'[5]과 '꾸미'[6]들 속에서 자주 떠내려간 그 고민은 우리 모두의 것이었다. 그렇게 고민하면서 우리는 사람을 계속 그리워하고, 사람 없이는 살 수 없다는 사실을 더 선명하게 아로새기곤 한다.

그렇기 때문에 이야기는 다시 처음으로 돌아간다. 결국 세상을 보기 위해서는 사람을 봐야 하고, 우리 역시 그 세상 속에서 각자 한 사람으로 살아간다는 사실을 밥을 먹으며 깨닫곤 한다. 직함과 이름을 따서 연락처에 저장한 수많은 이들, 출입처가 바뀔 때마다 쌓이는 새로운 인연을 가볍게 받아들이지 않기 위해 마음을 다잡는다. 그렇게, 뒤로 가는 더 좋은 길을 계속 고민할 수밖에 없다.

[5] '떼로 몰려가서 먹는 밥'의 준말. 기자와 홍보 담당자, 관계자 등이 한꺼번에 몰려가서 밥을 먹을 때에 쓰는 표현이다.

[6] 다양한 언론사에 속한 이들이 모여 풀과 일정을 공유하고, 함께 취재를 하기 위해 만든 일종의 조직 또는 모임. 일본어로 '조'(組)를 일컫는 '쿠미'(くみ)에서 유래한 표현으로 추정된다. '꾸미에 들어가다', '꾸미를 만들다' 등으로 쓴다. 같은 꾸미에 속한 기자끼리는 일은 물론이고, 밥이나 술도 함께하며 친밀해지기 쉽다.

4

제목

　"야마**1)**는 안 섹시해도 돼. 제목이 섹시하면 잘 팔리게 돼 있어. 넌 쓰기만 써, 파는 건 내가 판다."

　몇 해 전 『충격 고로케』라는 이름의 웹사이트가 등장했다. 이 사이트는 '충격', '경악', '헉', '알고 보니' 등, 인터넷 기사의 이른바 '낚시 제목'을 수집해 소개했다. 온라인상에 범람하는 낚시 제목의 심각성을 알린다는 취지의 사이트였는데, 한때 화제도 됐다. 얼마나 많은 기사가 정작 특별한 내용도 없으면서 어쩐지 클릭하도록 만드는 제목을 달고 있었는지 새삼 느꼈다고들 했다. 하지만 어느덧 『충격 고로케』는 그렇게 인터넷 세계의 뒤안길로 사라졌고, 그 이후로도 변한 것은 딱히 없었다. 연예인의 SNS에 올라온 사진은 '내용이 없어도 되는' 기사 역할을 한다. 기사에서 다룬 인물이 최근

---

1)　　기사의 중심 내용.

떠오른 열애설의 주인공이라면, 굳이 필요하지 않은 연애 상대방의 이름을 하트와 함께 제목에 넣는다. 온라인 커뮤니티의 화젯거리로 써 낸 기사도 여전히 많이 나온다.

몇 해 전 그때, 난 아직 기자가 아니었다. 그냥 누워서 책을 읽고, 세상 공부를 하고, 토론을 한답시고 술을 마시던 할 일 없는 기자 지망생이었다. 그래서 『충격 고로케』를 볼 때면 언론계의 답답한 현실에 화가 났다. 멀쩡한 제목을 달아도 될 텐데 왜 굳이 그렇게 해야 하는지 도무지 이해할 수 없었다. 자극적이지 않고, 자극적일 필요가 없으며, 자극적이어서도 안 되는 내용을 기사로 쓰면서 제목은 허무맹랑하게 붙이다니 이건 정말 큰 문제라고 생각하고 말았다.

내가 기자가 된 것은 『충격 고로케』가 사라진 이후였다. 그리고 기자가 된 이후에야 알았다. 처음 이름을 달고 나간 기사가 지면에 실릴 때는 기분이 좋지만, 그 기사를 실은 신문은 하루면 버려지는 종이 뭉치라는 사실을. 온라인에 기사를 올리더라도 하루 이틀이면 금세 밀려난다는 사실을. 그리고 스마트폰으로 포털사이트에 접속해 뉴스를 보는 이 시대에, 충격을 통해 끌어들이는 클릭 수가 없다면 먹고살 수가 없다는 사실을, 난 기자가 되고 나서야

절실히 깨달았다.

　　그러니까 충격은 심해어 머리에 달린 불빛 같은 것이고, 불빛이 없으면 사냥을 할 수 없다. 그리고 '섹시한 제목'을 달아 주기 위해 누군가 애쓰고 있다는, 알고 싶지 않은 사실마저 알게 됐다. 그저 『충격 고로케』를 보고 부도덕한 기자들, 제목 장사를 하는 기자들을 비난하며 알량한 정의감을 충족시키는 것으로 그칠 수 없는 더 큰 문제가 있음을 알게 됐다. 그런 본질적 문제 앞에서 "왜 굳이 제목에까지 '섹시하다'는 표현을 씁니까?" 하는 질문은 다소 지엽적인 듯 보이기도 한다(나는 이 표현을 여전히 좋아하지 않는다).

　　기자가 된 이후 알게 된 것 중 하나는, 보통 우리나라 언론사에는 온라인뉴스팀, 이슈팀 등으로 불리는 조직이 있다는 사실이다. 이 조직은 젊은 인턴으로 구성되기도 한다. 혹은 나와 같은 편집국 소속이 아닌, 아예 별도의 조직일 수도 있다.

　　이 조직의 역할은 그때그때 화제가 되는 내용으로 빠르게 글을 써서 '이슈 매기'[2]를 하고 클릭 수를 불리는 것이다. 이들은 온라인 커뮤니티 등에서 떠오르는 이슈를 검색하는 사람들을 자연스럽게 끌어들이기 위한 제목을 달아 수십 건씩 기사를 낸다. 하루 동안 언론사들의 트래픽을 측정한다면 이들이 써 낸 기사로 유입

---

2)　어떤 현안이나 주장에 관심을 모으기 위한 일련의 행동이나 발언을 뜻한다. '이슈파이팅'과 같은 의미.

된 방문자가 대부분일 것이다. 내가 쓴 재미없는 기사들의 클릭 수와는 비견할 수도 없다. 그러니 이들은 내가 하지 못하는 일을 하는 사람들이다. 나와 이들은 한 회사 건물 안에서 자주 마주치고, 가끔 당직을 같이 선다. 우리는 그렇게 같이 산다. 다소 누아르적으로 표현하자면 누군가는 손에 피를 묻혀야 하는 법이고, 당연히 그 누군가도 사람의 얼굴을 하고 있다고 할까.

또 '온라인부장', '디지털미디어전략부장', '디지털혁신······' 등 직함을 달고 있는 이들도 있다. 대략 부장급인 경우가 많은데, 그 자리는 온라인 중심으로 가쁘게 변화하는 언론 생태계에서 회사의 활력을 되찾기 위해 마련된 것이다. 「뉴욕타임스 혁신보고서」라는 100쪽이 넘는 보고서의 '야마'는 "혁신을 위해서는 우선 사람을 더 뽑고, 이들에게 투자하기를 절대 아까워하지 말라"는 것이지만, 이들은 그런 정공법에 매달리지 않는다. 읽어서 알게 되는 것과 실천하는 것은 다르기 때문일까?

그보다 근본적인 문제가 있다. 사람이 없고, 돈도 없는 것이다. 사람이 없는 것은 이미 기본값이기에, 대표이사도 편집국장도 사람을 더 뽑고 싶은 마음이 없다. 겨우 하나의 가능성 따위에 무엇하러 돈을 들이겠는가? 그래서 '어쩌고저쩌고 혁신 부장'이 있어도 실제 할 수 있는 일은 제한적이다. 인터랙티브 콘텐츠니 프리미엄

콘텐츠 같은 영어 이름 달린 시도에는 전부 돈이 필요하기 때문이다. 결국 이들이 하는 일이란 기사를 내보내는 시간을 조정하거나, 제목을 조정하는 수준에서 그친다. 돈이 없고 사람이 없다는 이유에서, 그리고 이전에 하지 않았고 지금도 다른 곳들이 하지 않는다는 이유로, 정말 많은 시도를 시작조차 하지 않는다. 이 모든 건 어쩌고저쩌고 혁신 부장이 잘못하는 탓이 아니다. (다만 나 역시 딱히 할 수 있는 것이 없으므로 가끔 화살을 돌린다. 저런 감 없는 사람이 온라인에 대해 뭘 안다고 저래? 인터넷을 하는 시간도 내가 더 많을 텐데.)

그리고 이들이 존재하기 때문에, 내가 쓰는 기사도 나갈 때 가끔, 아니 자주 제목이 바뀐다. 신문 지면에 이미 찍혀 나온 기사 제목이야 바꾸기 어렵지만, 온라인 기사라면 쉽게 제목을 바꿀 수 있다. 바뀌기 전 제목이 무엇이었는지는 남지도 않고, 바뀐 시간 정도만 남는다. 내 기사 제목이 바뀌는 이유는 내가 붙인 제목이 팔릴 만큼 섹시하지 않아서일 터이다.

기사는 파는 게 아니고 제목은 섹시한 게 아니다. 하지만 그런 의문을 제기하거나, 내가 쓴 기사의 제목이 바뀌었는지 하나하나 확인하기에는 자주 시간이 모자랐다. 그래서 정작 기사를 쓴 내가 모르는 사이에도 기사 제목은 종종 바뀌었다. 프로레슬링의 세계에서는 실력보다 쇼맨십이 있어야 살아남는다는데, '온라인 이슈파이팅'[3)]에서는 제목이 섹시해야만 살아남는 것일까. 재미있고 눈에 띄는 제목을 달 수 있을 만큼 톡톡 튀는 사람이 아니라는 걸 스스로 익히 알긴 했다. '그렇지만 굳이 바꿔야 하나요', '저한테 한 번이라도 말하고 바꿀 수는 없나요' 하고 묻기에는 온라인 세상 속 페이지가 너무 빠르게 넘어가 버렸다.

사실 바뀌는 건 제목뿐만이 아니다. 내가 들은 멘트, 목격한 내용이 데스킹이라는 미명 아래에 가끔 뒤집힌다. 심지어 아예 자신의 생각을 대변해 줬으면 하면서 이상한 지시를 내리는 이들도 때때로 있다. 현장에서 직접 보고 들은 내 항변이 때론 벽을 보고 하는 말이 된다.

이런 일들은 단순히 충격만으로는 설명하기 어렵다. 어떤 사람들은 자신이 그러한 세상을 살아왔기 때문에 지금도 여전히 그러해야 한다고 여긴다. 충격도 충격이지만, 그 사람들은 잘못됐다고 지적당하는 제목 속 표현(예를 들어 20대녀, 폭행녀, 벤츠녀 같은 말도 안 되는 단어들)에서 큰 문제를 느끼지 않는다.

이 이야기는 왜 지금도 어이없는 기사 제목이 수없이 쏟아져 나오는지에 대한 내 변명이다. 변명이라고 이름 붙일 만큼 다소 궁색하지만 말이다.

이렇게 충격에 목마른 업계인 만큼, 이제는 클릭 수를 인사평가에 반영하는 곳도 있다고 들었다. 혹은 시상을 하는 회사도 있다고 한다. 클릭 수가 많다고 좋은 기사가 아니라는 사실을 여기 있는 모두가 안다. 아마 다들 세상을 바꿀 수 있는 기사를 쓰고 싶었을 것이다. 반면 인사평가란 내가 내년에 월급을 얼마나 받을 수 있는지 결정하는 과정이기에 철저히 고용주와 피고용인 사이에서만 진행되는 일이다. 따라서 이 사회에서 내가 수행하고 있는 '기자'라는 역할과는 사실 큰 관계가 없다.

하지만 나도 월급을 받아야 하니까 어쩔 수 없이 조금은 눈치를 보게 된다. 평가결과가 좋지 않아도 술 한잔, 욕 한 바가지로 털겠지만, 기자로서 먹고살기에 종종 어려움을 느낀다. 좋은 기사란, 좋은 제목이란 뭘까 고민하지만 고민대로 살지 못하는 셈이다. 이럴 땐 노동자로서의 내 처지를 비관하고 싶다. 하지만 그러한 답답함과 자기 연민에만 빠져 있기에는 우리가 하는 일 자체의 무게가 가볍지 않다. 그것만으로도 공동체와 사회를 위해 좀 더 나은 길을 찾아야 할 이유가 된다.

『충격 고로케』는 사라졌지만 『마이기레기닷컴』, 『기레기 추적자』 같은 비슷한 사이트들이 여전히 남아 있다. 가끔 어떤 동료들

---

3) 온라인에서 이루어지는 '이슈파이팅'. 온라인에서 사람들이 많이 클릭할 만한 기사를 쓰거나, 실시간 검색어와 화제 등을 좇는 식으로 진행된다.

은 농담 삼아 "『기레기닷컴』에 박제 안 된 사람은 기자로서 이슈메이킹 능력을 의심해 봐라"고 말하기도 한다. 이제는 '충격'과 '경악'만 박제로 남지 않는다. 박제가 되어 버린 천재는 찾기 어렵지만, 박제를 만들기는 그 어느 때보다 어렵지 않은 시대다. 진실이 자주 가치를 잃어버리고, 믿음밖에 의지할 것이 없는 국면에서 제목은 날 곧잘 '기레기'라는 틀에 박아 넣는다. 지금 기자로서 일을 하는 나 역시 그런 사이트에 박제당한 적이 있다. 그들은 나를 '××야' 하고 이름으로 부르고, '선을 넘었다', '도를 넘었다'며 비난하고, '그렇게 일해서 월급 받는 게 부끄럽지 않느냐?' 하고 묻는다.

"먹고살기 위해서는 어쩔 수 없었습니다. 제가 그 제목을 달고 싶었던 건 아니었습니다. 열심히 쓰고 싶었습니다. 포털사이트와 광고 수익에 의존하는 우리나라 언론 지형도로 인해 다소 어려움이 있어서 죄송합니다."

이런 내 최후변론이 틀린 건 아니지만, 그 자리에서 말하기엔 적절하지 않을 것이다. 당장 오늘만 해도, 그렇게 살면 좋으냐며 힐난하는 메일을 받았다. 가끔은 답답한 마음에 답장이라도 보내고 싶다고 고민하다가 결국 그만둔다. 때론 보내지 않아야 하는 편지도 있고, 보내 봤자 소용없는 편지도 있기 때문이다. 이틀 정도 지나면 그들의 분노는 날 잊을는지도 모른다.

무언가를 쉽게 제언할 수 없다는 생각이 든다. 나는 언론학자나 연구자가 아니다. 출근해서 내가 쓴 기사들이 누군가에 의해 제목을 바꿔 달 수도 있다. 내가 할 수 있는 일은 바뀐 제목을 확인하고, "요즘 정서에 맞지 않는다", "조금 무리가 있는 듯하다"는 식으로 부드럽게 의견을 전달하는 것뿐이다. 그래도 침묵보단 말이 필요할 때가 있고, 무슨 말이든 꺼내야 바뀔 수 있다는 것만은 믿는다. 매일 없는 시간을 짜내서 조금이라도 더 들여다보고 제목 그 자체를 고민하는 이유다.

5

질문

내겐 대화의 재능이 없다고 생각한다. 늘 무슨 말을 해야 할지, 어떤 질문을 던져야 할지 잘 모르겠다. 좋은 질문은커녕 평범한 질문조차 어떻게 해야 하는지 잘 모르겠다. 스스로 눈치가 좀 없다고 느끼고, 그래서 내가 이상한 소리를 하고 있을까 봐 항상 신경이 쓰인다. 이건 사람 간의 거리감을 잘 재지 못하겠다는 감각과 비슷하다. 마치 자동차 사이드미러의 "사물이 보이는 것보다 가까이 있음"이라는 문구와도 같다. 그래서 대화도, 질문도, 사람을 대하는 것도 전부 애매모호하다고 느낄 때가 많다.

그렇지만 뭐라도 말을 하고 질문을 해야 일을 할 수 있다. 내게 질문이란 곧 밥값을 하느냐의 문제다. 그저 혼자만의 어려움으로 끝나지 않는, 조금은 더 큰 문제인 것이다. 그래서 텅 빈 침묵의 공간을 그대로 두지 못하고 무슨 말이라도 꺼내야 한다는 압박감이 나를 짓누른다. 때로 침묵만이 필요한 순간이 있음을 알면서도 그렇다. 어색하게나마 질문을 짜내고, 말을 끌어내기 위해 안간힘을 쓴다. 하지만 항상 생각대로 되지 않는다. 요즘 아이돌 동영상을 보면 춤을 잘 추지 못하는 멤버에게 '뚝딱인다'는 표현을 쓰던데. 나 또한 그렇게 뚝딱이며 어색한 질문과 대화 사이에서 고민한다.

수습기자 때는 특히 심했다. 나는 지구대와 파출소 앞에서 괜히 들어가지 못해 서성였다. 큰 가방에 피곤한 얼굴로 돌아다니는, 누가 봐도 수습기자 모습 그 자체였다. 나는 속으로 질문 리스트를 정리하고 대본을 짰다. 동시에 콘셉트를 고민했다. 밝고 귀여운 인상이 더 효과적일까? 아니면 다소 지치고 불쌍한 면모를 보여 줘야 더 호소력이 있을까? 하지만 그건 전부 꾸며 내기였다. 나는 꾸며 내는 일에 절망적일 만큼 재능이 없었기 때문에 맨날 뚝딱였다. 수습을 뗀 뒤에도 크게 나아지지는 않았다. 여전히 고민하고, 전과 다른 상황을 마주할 때마다 어떻게 해야 하나 싶기만 하다.

언젠가 큰 화재사고가 일어났을 때의 일이다. 순식간에 번진 불은 산뿐만 아니라 인근 인가까지 태웠다. 이재민들은 체육관을 임시숙소로 사용했다. 텐트가 있으면 다행이었다. 그늘막이나 박스 등으로 대충 칸막이를 치고, 수건으로 어설프게 서로를 가린 공간이 대부분이었다. 해당 지역뿐만이 아니라 전국 각지에서 도움의 손길이 쏟아졌지만 언제 집으로 돌아갈 수 있을지는 요원한 때였다. 사람들의 표정은 힘들어 보였고, 나는 굳이 무엇인가를 읽어내기 위해 그들을 쳐다보고 싶지 않았다. 무엇을 보더라도 난 그들의 상황을 완전히 이해할 수 없을 것이고, 감히 이해하려 해서도 안 된다는 생각도 들었다.

그렇지만 사고가 벌어진 이후, 현장 스케치에는 응당 '사고 당시 급박했던 순간', '이재민의 눈물' 같은 꼭지가 필요한 법이다. 그래서 나는 질문을 해야만 한다는 궁지에 몰린다. 지금 질문을 던지는 건 대체로 민폐가 될 것이다. 하기 싫은 말을 해야 하고, 심지어 트라우마를 자극할 수도 있음을 안다. 그러한 상황에 놓여 있으면, '질문을 통해 서로가 대화할 수 있는 가능성이 열린다', '누군가의 말을 듣는 것으로 대화가 시작된다'는 둥의 이야기가 동화처럼 들린다.

그렇지만 해야 할 일이라는 이유로 나는 질문을 던진다. 그럴 때는 연민과 공감이 끼어들 공간이 쉽게 나오지 않는다. 어쩌면 내 안에서 일과 공감을 일부러 분리하려고 노력하기 때문인지도 모른다. 하지만 뻔히 알면서 "선생님, 혹시 불 때문에 집이 망가져서 지금 이곳에 나와 계신 게 맞을까요?" 같은 문장으로 말문을 열 때면 참 별로라는 생각이 든다. 어차피 사람들은 기자에게 질문받는 것을 대부분 좋아하지 않는다. 그걸 아는 나도 친절한 응답 같은 건 바라지도 않는다. 거절에 익숙해져야 상처받는 느낌을 줄일 수 있다.

만약 상대가 대답해 주지 않는다면 그 자리에 머물러서는 안 된다. 죄송하다고 사과하고 빨리 자리를 옮겨서 다른 대상을 찾아야 '마감'을 할 수 있다. 사람을 많이 보는 걸로 치면 이 일이 어디 가서도 밀리지 않을 텐데, 사람을 이해하기에는 가장 안 좋은 일일 수도 있겠다는 생각이 스친다. 그렇기에 정말 좋은 질문을 함으로써 누군가와 가까워지고, 그 덕분에 진짜 이야기를 담는 데에 성공한 사례는 소수이다. 그렇게 쓴 기사는 좋은 기사로 남겠지만 대부분이 그에 미치지 못하는 것도 어쩌면 당연한 일이다.

쭈뼛대며 체육관을 나갔다. 체육관 앞에는 구호물품과 도시락, 간식 따위를 나눠 주려는 자원봉사단, 트럭이나 차량이 가득했고 어린아이들은 그 사이를 뛰놀았다. 어떻게 질문을 해야 할까 고민하며 노는 아이들을 보고 있는데, 초등학교 저학년 정도 되는 남자아이 하나가 먼저 말을 걸었다.

“우리 집이 다 타 버렸어요”

아무 일도 아니라는 듯한 말투였다. 나는 뭐라고 대답해야 할지 몰라 그냥 서 있는데 아이는 계속 말을 이어 갔다.

“아빠가 카센터를 하는데, 새벽에 불이 옮겨 붙어서 다 타 버렸어요. 아빠가 그래서 울었어요.”

그 순간 나는 사고 이후를 다룬 르포 기사에서 흔히 봐 왔던 사례들을 떠올렸다. 화마에 타 버린 삶의 터전과 일터, 아버지의 눈물 같은 상투적이고 안전한 묘사가 마음을 스쳤다. 그 순간 스스로를 견디기 어렵다는 기분이 들었다. 그래서 더 질문을 하고 이야기를 듣고 싶은 마음이 차마 들지 않았다. 대신 나는 “차 조심해야지” 하고 말았다. 나는 지금 무엇 때문에 여기에 나와 있는 걸까? 그 아이가 한 말은 지금 이 글을 제외한 어디에도 쓰지 않았다.

그날 기사에 내 이름은 들어갔지만, 난 한 게 별로 없었다. 감히 말을 할 수 없다는 감각에 짓눌린 채 그다지 도움이 되지 않는 현황 묘사 같은 것만 보탰고, 함께 갔던 입사 동기들이 남은 자리를 대신해 줬다. 그렇게 마감을 하면서 맥주를 마시고 서울로 돌아왔다. 그냥 일이라고 생각하면 되지. 어차피 거짓말도 아니고 진짜로 묻고 대답을 들은 대로 쓰면 되는데. 난 왜 그랬을까.

다른 사고현장에서도 그랬다. 짓고 있던 건물 일부가 무너져서 사람들이 갇혔다. 이런 경우에는 대부분 기간을 단축하고 인력이나 돈을 아끼려고 일을 무리하게 진행한 탓에 일어난 부실공사가 원인이다. 이러한 구조로 인해 희생되는 이들에 대한 책임을 누군가는 져야 한다. 비슷한 문제가 더 이상 일어나지 않도록 하기 위한 약속이 필요하다.

그렇지만 '브랜드 아파트'를 만드는 맨 꼭대기의 대기업, 대기업으로 일을 받은 하청, 그 하청의 하청 등등은 항상 서로 떠넘기기에 익숙했다. 대표이사네 회장이네 하는 사람들은 일단 카메라가 몰려들 때는 고개를 숙였다. 어떻게든 고개 숙인 모습이 찍히면 되는 거고, 대국민사과라 이름 붙인 허울 좋은 성명문 몇 자만 내면 되는 거다. 정작 진짜 사과를 받아야 하는 이들은 아직 돌아오지 못하고 있는데도 말이다.

사고를 당한 이들의 가족들은 현장 옆에 천막을 치고 떠나지 않았다. 그들은 기자들에게 '천막 안을 함부로 엿보지 말 것'과 '억지 질문을 해서 스토리텔링 기사[1]를 쓰지 말 것'을 주문했다. 거듭되는 사고를 전전하며, 우리는 우리가 왜 그런 주문을 받는지 잘 알았다. 가족들의 대표를 맡은 이는 가끔 기자가 모인 임시기자실에 와서 구조 진행상황 등을 공유했다. 궁금한 게 있으면 자유롭게 질문을 할 수 있었다.

하지만 그 자리에서도 난 말이 쉽게 나오지 않아서 애꿎은 키보드만 세게 두드렸다. 아직 무너진 건물 아래에 갇혀 생사도 모르는 이의 가족 앞에서 무슨 질문을 할 수 있을까. 나뿐 아니라 기자 대부분이 비슷한 생각을 했던 것 같다. 겉도는 질문들 사이에 결국 대표가 먼저 입을 열었다.

"왜 우리 가족들에 대해서는 안 여쭤보시나요?"

그리고 누군가가 답했다.

"저희가 묻기에는 죄송스러운 마음이 들었기에 조심스러웠습니다."

이 짧은 질문과 응답이 오간 건 한순간이었다. 그리고 길고 긴 대화였다. 그 짧은 말을 꺼내기까지 수많은 고민이 있었을 것이다. 또한 그 고민에 말이라는 껍질을 씌우는 과정은 지난했을 것이다. 그럼에도 질문을 해야 하는 순간이 있다. 누군가는 듣고 싶어 하고, 또 누군가는 서로를 비추고 싶었을 테다. 이런 순간이 오면 나는 스스로 아무것도 아니라고 느끼면서도 겸허해진다.

사고현장을 갈 때면 그렇게 쉽게 짓눌린다. 세상은 사고현장을 누비며 올바르게 취재하는 정의로운 기자를 기대하지만, 나는

1) '스토리텔링 기사'라는 표현은 당시 가족들이 사용한 말을 그대로 옮긴 것이다. 가족들은 사고를 당한 이들과 자신들의 사연이 단순한 '이야기'로 소비되지 않길 바랐기 때문에 이런 표현을 썼을 것이다. 뉘앙스로 볼 때, 그 의미는 인물이나 사건 등을 좀 더 자세히 다루는 '피처 기사'에 가까울 듯하다.

그런 기대를 전혀 충족시키지 못하리라는 부담이 든다. 그래서 그냥 나왔던 말들을 건조하게 기록하는 데에 그치곤 한다. 그렇게 쓴 글은 좋기는커녕 특별한 기사조차 될 수 없음을 안다. 나는 그렇게 나를 욕심 없는 존재라는 자리에 두고 포기할 것을 먼저 솎아 내곤 한다. 별로 좋지 않은 방식일지 모르지만, 동시에 내가 나름대로 일을 해 나가기 위해 필요한 부분이기도 하다. 공감이 필요하고, 그 공감을 통해 더 좋은 기사가 나올 수 있다고 믿지만, 그게 어려운 기자도 있겠군, 하고 생각할 뿐이다.

“대화의 재능”이라고 말문을 열었지만, 단순한 대화 혹은 재능이라는 개념만으로는 설명하기 어렵다. 몇 년 전에 버락 오바마 전 미국 대통령이 한국 기자들과 이야기를 나눌 때 “한국 기자들은 왜 질문을 하지 않나요?” 하고 묻던 장면. 또는 박근혜 전 대통령을 둘러싸고 그저 화기애애한 얼굴로 수첩만 들고 있던 기자들이 찍힌 사진. 그런 모습에서 느껴지는 답답함과도 또 다르다. 내가 적절한 위치에서, 적절한 질문을 하고 대답을 받아 낼 준비가 되어 있는지, 그런 감각에 주의를 기울이기란 훨씬 어려운 일이다. “외람되오나” 같은 서두를 달고 나오는 질문이 품은 어려움과는 사뭇 다르다는 의미다.

나는 이 느낌, 이 어려움을 어떻게 표현해야 할지 여전히 잘 모르겠다. 지금도 언어는 목적지에 가닿지 못하고 계속 미끄러진다. 그러나 이런 상황에서도 내 주변에는 끊임없이 질문하려고 노력하는 이들이 많기 때문에, 나 또한 더 나아지고 싶다고 바라는 것도 사실이다. 내가 좋아했던 (지금은 회사를 그만둔) 한 차장 선배는 어떤 자리에서든 궁금한 것이 있으면 항상 "그런데 궁금해서 그러는데요" 하며 많은 질문을 했다. 나와 함께 일했던 어떤 후배는 거절이 두렵지 않았던지, '시민 멘트'[2]를 부탁하면 내가 한 양의 거의 두 배를 만들어 가져왔다. 나와 같은 해에 입사한 한 친구는 커피를 마시는 짧은 시간에도 걸려 오는 수많은 통화를 귀찮아하지 않고 받아 내며, 자기가 물어야 할 질문까지 충실히 챙긴다. 이런 사람들 덕분에 현장에서 조금 더 버틸 수 있고, 용기를 내서 질문을 하는 내 모습도 상상할 수 있는 것 아닐까.

---

[2] 말 그대로 시민들의 발언, 현장에서 시민들의 반응, 의견 등을 묻고 취합해 만든다.

6

더남

내 친구 중 하나는 사쓰마와리를 하던 중 갑자기 회사를 그만둔다고 말했다. 세상을 보고 사람 대하는 법을 배우라는 사쓰지만, 정작 사쓰를 하는 때에는 오롯이 내 고통이 가장 큰 문제가 되기 때문에 남의 고통을 잘 보지 못한다. 그렇기 때문에 같은 동료이자 친구로서 가장 잘 이해하고 있다고 여긴 상대에 대해서도, 막상 결정적인 순간을 놓치는 일이 종종 생긴다. 그 친구가 어떤 과정을 거쳐 그런 결정을 내렸는지, 그리고 그 결심을 어떻게 우리에게 공유하게 됐는지는 몇 년이 지난 지금에도 전부 알 수 없다.

친구가 그 말을 꺼낸 건 저녁이 지나 퇴근을 앞둔 시간, 마지막 보고를 준비하던 때였다. 이른 새벽부터 밤까지, 친구들이 모인 단체 메신저 방은 쉴 새 없이 울리곤 했다. 넋두리나 욕설, 그날 누구를 만나 어떤 대화를 나눴는지, 그날 점심으로는 무엇을 먹었는지, 가끔 주변 모습을 담은 사진까지, 온갖 쓸데없는 이야기가 올라왔기 때문이다. 하루 종일 돌아다니면서 누군가를 만날수록, 우리는 계속 외로워하고 힘들어했다. 큰 의미는 없어 보이지만 계속 대답을 바랐던 말들. 그 사이에서 친구가 갑자기 남긴 "난 이제 그만할 거야", "이제 자유를 찾을 거야" 하는 말에는 생경한 무게감이 있었다.

그 이후 진행은, 내 느낌엔 다소 일사천리였다. 그렇지만 그 친구에겐 오랫동안 생각했던 일일 것이다. 사건팀 바이스와 캡[1]을 거쳐 사회부장까지 마주한 뒤에야 친구는 면담을 멈출 수 있었고, 더 이상 출근을 하지 않을 수 있었다. 받았던 노트북을 반납하고 그달 일한 만큼 월급을 정산받았다는 친구의 말은 예전보다 가벼웠다.

그 뒤 친구는 기자가 아닌 다른 일로 취직을 했다. 가끔 인스타그램에서 확인하는 근황으로는 건강하게 잘 지내는 듯하다. 우리는 친구가 퇴사를 선언했을 때 "그래, 기자가 안 맞으면 차라리 빨리 나가서 다른 일을 찾는 게 나아. 우리는 아직 젊으니까" 했다. 그만두는 건 나쁘지 않다. 도망치는 것도 아니고, 단지 새로운 선택지를 찾는 일일 뿐이다.

그 친구는 내가 기자가 되고 나서 목격한 첫 번째 퇴사자였다. 나는 그만둘 깜냥이 없어서 어영부영 기자 생활을 이어 왔다. 힘이 들면 술을 마시고, 술로 해결되지 않는 날에는 정신과에서 처방받은 신경안정제와 항우울제를 가끔 먹었다. 그리고 '고기자'로서 그림을 그리며 스스로를 달랬다. 하지만 사실, 정말 힘들 때는 나쁜 생각도 한 적이 있다.

이제 더 이상은 그런 류의 생각을 하지 않지만, 그러는 중에 내 안에서 망가진 부분도 어느 정도는 있지 않을까. 그러다 보니 이제 와서 기자를 그만두기에 좀 애매한 상황이 된 것도 같다. 나는 예전보다 다소 둔감해진 머리와 감각으로 떠나는 이들의 뒷모습을 바라본다. '입으로는 이번엔 진짜로 퇴사한다고 말하면서 절대 퇴사하지 않는 애' 정도가 된 것 같다. 이러다가 결국 아무 데도 못 간 채, 바위에 붙어살 때는 더 이상 필요 없는 뇌를 녹인다는 멍게 같은 무엇인가가 되어 버릴까 봐 가끔 걱정된다.

그 뒤로도 많은 이들이 회사를 떠났다. 면접 때 "왜 기자를 지원했습니까?" 같은 질문에 각자 다 다른 대답을 하듯이, 떠나는 이유도 각양각색이었다. 단지 지금 회사가 마음에 들지 않아 다른 회사에서 기자 일을 하려는 이들도 있었지만, 기자라는 직업 자체가

---

1) 언론사 사회부 사건팀의 팀장 역할을 하는 기자를 보통 '캡'(captain)이라고 부른다. 캡은 서울경찰청을 출입하고, 사건팀을 총괄한다. 그 아래 '부팀장'급 기자는 '바이스 캡틴'(vice captain)을 줄인 '바이스'라 칭한다. 바이스는 경찰청을 담당한다.

싫어서 떠난 사람들도 있었다. 한창 떠오르는 유튜브 등으로 '뉴미디어'라는 무엇인가를 새롭게 해 보려고 떠난 이들도 있었다. 누군가는 스타트업에, 또 가끔은 출판사에 가기도 했다. 홍보맨이 되는 이들도 있었다. 또 아주 드물게, 누가 사 놓았던 비트코인이 많이 올라서 더 이상 회사를 다닐 필요가 없어졌다는 이야기도 도시전설처럼 들려왔다. 대학원에 가는 사람도 있었고, 공무원 시험을 준비하겠다는 이들도 있었다. 또 아이들과 더 많은 시간을 보내기 위해 회사를 그만두는 이들도 있었다. 마지막 사유로 회사를 떠나는 이들은 대부분 여성이었던 것으로 기억한다. 특별한 일은 아니다.

그럴 때면 나는 떠나는 이들을 멍하니 지켜봤다. 그래도 뭔가 하고 싶은 것이 있으니까 떠나겠지. 기자로서 어느 정도 이룬 바도 있었을 테고. 그래서 새로운 일을 해 보고 싶은 것이려니, 하고 막연하게 생각했다. 실제로도 일을 참 잘한다고 인정받던 이들은 오히려 미련 없이 새 길을 찾아 떠났다. 자신이 앞으로 갈 길에 대해 모종의 확신이 있는 듯 보였다. 그러고 보니 나는 참 아는 것이 없었다. 나름대로 잘 버티고 있다고 여겼는데, 회사를 나간 내 친구의 마음을 알지 못한 것처럼 그냥 아무것도 몰랐다.

『미디어오늘』이나 『미디어스』 등 미디어 비평지는 가끔 떠나는 기자에 대해 다룬다. 떠나는 기자란 '기자'에 '엑시트'(exit)를 합한 '기렉시트'라는 어엿한 한 단어로도 존재하는 개념이다. 기자의 궁극적인 목표가 결국 기렉시트라는 말도 나온다. 우리가 기자가 된 목표가 언론계를 탈출해 떠나는 것이라니, 자신의 꼬리를 입으로 문 뱀처럼 이상하게 느껴지는 대목이다.

남은 이들과의 인터뷰에서, 떠나는 이들은 기자가 더 이상 좋은 직업이라 느끼지 않는다는 점, 그래서 소진되고 있다는 점을 떠나는 이유로 들었다. 불규칙한 출퇴근, 사람 사이에서 부대끼며 겪는 스트레스, 수많은 돌발 상황 등. 각종 심혈관계 질환을 유발할 요소가 산재한 한편, 만족할 만큼의 월급을 손에 쥔다는 이는 아무도 없다. 그렇다고 해서 매일의 일에 크나큰 사명감을 느끼고, '가슴이 웅장해지는' 것도 아니다.

상황이 이렇다 보니 기레기라는 표현을 들으면 슬프다가도 어쩔 수 없다는 무력감이 든다. 10년을 일해야 겨우 '차장'이 되고, 그 이후로 더욱 잘해야 간신히 '부장'이 된다. 더 이상 먹을 게 없다고 아우성인데 인력은 또 매일 부족하단다. 이 거대한 구조의 일부로서만 존재하는 나는 구체적으로 대체 무슨 일이 일어나고 있는지 잘 모르겠다. 기자 일을 계속한다면 깎여 나가는 건 이미 상수고, 깎여 나가는 정도와 속도 차이만 존재할지도 모르겠다. 버티고 있다고 여긴 나 역시 어느 정도는 깎여 나가는 중일 것이다. 가끔 부고란에서 기자 본인상을 보거나, 누가 암에 걸렸다는 소식을 들을 때면 그런 생각이 조금 더 굳어진다.

'솔루션 저널리즘'[2]은 편집국 인력을 확충하고, 상호소통 미디어 시대에 맞는 장기적인 먹거리를 발굴하기 위해 고민해야 한다고 말한다. 좋은 콘텐츠를 생산해서 유료화도 고려하는 등 선순환 구조를 만들어야 한다고도 제언한다. 그러면 소는 누가 키운단 말인가. 말은 누구나 할 수 있다. 사실 '언론고시'를 준비하는 이들, 그래서 이 업계에 아직 희망과 환상을 가진 이들이 더 잘할 수 있는 말이다.

무슨 소리인지는 잘 알겠는데 지금도 당장 온라인 조회 수를 올리기 위해 쓸데없는 기사들을 '처리'하고, 지면을 만들기 위해 발제 기사를 써야 하는 난 갑자기 울컥한다. 그런다고 떠나는 사람들을 붙잡을 수 있을 것 같지 않아서다. 이미 깎여 나간 부분을 다시 채울 수는 없다. 그런 부분도 있는 법이다.

떠난 사람들은 홀가분해 보이는 얼굴이었다. 대부분은 만족스럽다고 했다. 그들은 정이 많았기 때문에 "가끔 밥이나 먹자", "×× 근처에 오면 연락해" 하는 말을 남겼다. 나도 그들을 좋아했기 때문에 정말 가끔은 연락도 했다. 다른 회사에서 기자를 계속하는 이들을 만나기는 어렵지 않았다. 여전히 같은 현장의 사람이었기 때문이다. 하지만 아예 다른 길을 택해서 나간 이들과는 어떤 얘기를 나누면 좋을지 알 수 없는 때가 많았다. "××는 무슨 일을 하나요?" "기자랑 비교하면 어디가 더 나으세요?" 그런 질문은 별로 재미가 없을 것 같았다. 그리고 말로는 "조금은 더 해 봐야죠"라고 둘러대면서 은연중에 먼저 나간 그들을 질투하는 마음이 들까 봐 신경이 쓰였다. 주로 그럴 때 내가 속이 좁다는 걸 체감한다.

이렇게 많은 이가 현장을 떠나는 모습을 보다 보면 기자, 혹은 기자 지망생이라면 누구나 아는 언론고시 준비 카페 '아랑'이 지금도 살아 있다는 사실이 가끔 신기하다. 내 아이디는 더 이상 글쓰기 권한이 없어서 아무 글도 남기지 못하지만 차라리 잘된 일이다. 꼭 담배 연기를 내뱉으며 "너희는 이런 거 피우지 마라" 하는 사람처럼 "너희는 기자 될 생각도 마라" 같은 글을 남길 여지가 완벽히 차단됐기 때문이다.

그렇지만 여전히 누군가는 수습기자들과 함께한 술자리에서 "도망갈 거면 빨리 도망가는 게 낫다", "돈도 못 버는데 요즘 왜 기자를 했느냐" 같은 소리를 하소연처럼 늘어놓는다. 사실 수습기자에게 하고 싶은 말이라기보단, 스스로에게 하는 넋두리임을 이제

2)　　단순히 사회적 문제를 보도하는 대신 해결책을 제시하고, 적극적으로 참여해야 한다고 주장하는 대안적 보도 방식을 일컫는 개념.

는 잘 안다. 하지만 발화라는 것이 대부분 그렇듯, 나온 순간에는 이미 주워 담을 수 없는 법이다.

일단 나는 내일도 어딘가로 떠나는 대신 아마 출근을 할 것이다. 대학생 시절처럼 "일어났는데 학교에 가기 싫어서 안 갔다" 같은 변명이 통하지 않는 나이이기 때문이다. 또한 회사와 나는 근로계약서로 단단히 묶여 있기 때문이다. 아파서 쉬고 싶고 왠지 일하기 싫은 날이 오더라도 연차는 함부로 쓰지 않는 게 나중에 더 좋다는 사실도 깨달은 직장인이 됐다.

어딜 가도 비슷하다는 건 알지만, 경력직 채용공고가 뜨면 한 번 정도 들여다볼 수는 있으리라. 아니면 없는 사회성을 쥐어짜 내서, 3~5년 차 홍보팀 대리를 뽑는 공고에도 귀를 기울여 볼 수 있다. 혹은 예전부터 다니고 싶었던 대학원의 입시요강을 볼 수도 있겠다. 이리저리 기웃거리고, 오늘은 또 어젠 하지 않았던 실수를 하고, "죄송합니다, 선배. 신경 쓰겠습니다"라고 말할 것이다. 그러다 보면 언젠가 내가 떠나는 날이 올 수도 있지 않을까.

술자리에서 너무 내 얘기만 늘어놓은 것 같은 기분이 든다. 그렇기 때문에 민망해서, 마지막으로 '떠남'에 대해 쓰며 들었던 마음을 사족으로 달아 둔다.

이 책에 들어갈 짧은 글들을 쓰면서, 나는 내가 시니컬해 보이지는 않을까 하는 걱정이 컸다. 특히 이 꼭지를 쓰며 걱정이 가장 컸다. 이 글이 "어차피 떠날 놈들은 떠나고, 남아 있는 놈들도 언젠가는 떠난다"로 '야마'가 뽑힌다면 슬플 것이다. 그보다는 내가 주니어 기자로서 보고 느낀 바를 솔직히 전달하고 싶었다. 언론계에는 이런 상황이 하나의 현상으로서 존재한다는 점이 받아들여지면 좋겠다. 그래서 이 글을 썼다. 지금도 떠나는 많은 사람들 속에서, 나는 누군가가 오기를 기다리고 있는 건 아닐까. 이것이 내가 버티는 방식 중 하나일지도 모른다.

7

하루

요즘 다들 그렇듯이 취업이 잘 안 돼서 대학교 졸업을 유예하고 뭐라도 해야만 하던 때였다. 나는 대개 많은 것을 최대한 미루는 편이지만, 그땐 꽤 간절했다. '열정청년' 연기 같은 것도 시도해 볼 수 있었다. 그래서 한 신문사에서 인턴 면접을 보며 이런 말도 했다. "남들보다 하루를 먼저 시작할 수 있다는 것이 기자의 매력이라고 생각합니다."(그땐 부끄러움도 두려움도 없었구나……)

하지만 그땐 내가 지금보다 젊고 건강했고, 아침에 쉽게 일어날 수 없도록 만드는 저혈압을 그 젊음과 건강 덕분에 이겨 낼 수 있었음을 잘 몰랐다. 그런 말을 했던 덕분인지 그때의 인턴은 무사히 마칠 수 있었다. 인턴이라서인지 9시 출근 6시 퇴근을 지켜 주었고, 그 때문에 예상보다는 버틸 만했다.

그러나 몇 년 후 인턴이 아닌 편집국 소속 정직원으로서 기자가 된 지금, 나는 아침이 오는 게 두려운 평범한 직장인이 됐다. 아침에 알람을 들을 때마다 심장이 조여 오는 느낌을 받는다. 소스라치며 잠에서 깨는 순간엔 주어진 수명이 몇 초는 줄어드는 것 같다. 그렇지만 닭 모가지를 비틀어도 오는 게 새벽이니, 남들보다 조금 이른 출근을 준비할 수밖에 없다. 당분간은.

지금부터 하려는 이야기는 어쩌면 일일 직업체험교실 등에나 나올 법한 내용이다. 나에겐 평범하게 재미없는 하루다. 하지만 가끔 주변에서 기자는 하루 종일 뭘 하기에 그렇게 바쁘냐고 물어볼 때가 있다. 가끔은 나도 왜 내가 바쁜지 잘 모르겠다. 큰 사건이나 일정이 없어도 왠지 시간에 쫓기는 느낌을 계속 받는다. 다음 내용은 △매체의 성격 및 회사, 그리고 부서에 따라 다를 수 있다 △그렇지만 나를 포함해 수많은 현장의 친구들을 통해 본 내용들이다 △대부분 기자라 하면 가장 먼저 떠오르는 '사회부 기자'에 초점을 맞췄다는 점을 염두에 두고 읽어 주시기를 부탁드린다.

우리의 하루는 대부분 사무직 노동자가 출근하는 오전 9시와 비교해 더 일찍 시작된다. 물론 입사하면서 쓴 근로계약서상 출근 시간은 오전 8시 30분이다. 하지만 '을'의 자격으로 사인하는 많은 계약서가 그렇듯, 근로계약서가 그대로 이뤄지는 걸 바라지는 않았다. 각 기자가 소속한 매체와 부서가 무엇인지, 조간인지 석간인지 등에 따라 차이는 있지만, 보통 출근은 7~8시 무렵이다.

우리는 한꺼번에 사무실에 출근하지는 않는다. 각자의 장소(기자실일 수도, 기자실이 아닐 수도 있다)에서 출근했음을 알리고, 그날의 일정과 '기사 발제' 등을 합한 '일보'(일일보고)를 쓴다. 내가 오늘도 무사히 출근했으며, 오늘의 일을 할 준비가 됐음을 알리는 것이다.

이 과정은 사실 한 사람의 어른이자 직업인으로서의 양심이라는 시스템에 의존하는 부분이 크다. 나는 다른 사람들이 실제로 어디 있는지 알 수 없고, 다른 사람들 역시 내가 어디에 있는지 알 수 없다. 만약 내가 기자실에 나가지 않고 집에서 드러누운 채 출근을 알리고 일보를 올리더라도, 운이 따라 준다면 회사 사람들은 이를 모르고 지나갈 수도 있다는 의미다. 그렇지만 수많은 변수가 존재한다. 자기 위치가 기자실이라고 보고했는데, 평소 기자실에는 코빼기도 보이지 않던 선배가 갑자기 들이닥쳐서 "아침인데 해장하게 라면이나 먹자!" 해 버리면 그야말로 끝장이다. 또 금요일 점심쯤 아무도 날 찾지 않을 것 같아서 술을 마시는데 갑자기 무슨 일이 생길 수도 있다. 그렇게 그 자리에 나가지 못하면 박살이 나는 것이다.

그럼에도 어떤 용기 있는 이들은 지금도 자신의 위치를 숨기고, 가끔은 걸려서 무참히 깨진다. 종종 허위로 보고를 올리고 드라이브를 간다는 A, 집에서 전화를 받으면서 바깥에 있는 척 어필하기 위해 창문을 열어 자동차 소리를 배경으로 깔거나 아예 카페 소음 영상을 튼다는 B 등의 무용담이 우리의 작은 양심 사이를 끊임없이 떠다닌다. 나는 그러기에는 간이 조금, 많이 작은 편이긴 하다.

일보를 올리면 팀장 이상 직급의 기자들이 '밸류 판단'에 들어간다. 그날 하루를 어떻게 지내게 될지도 보통 그때쯤 결정된다. 발제가 괜찮거나 시의성이 크고 중요한 사건이 있다면 기사가 지면에 들어가기에 오후 마감 시간을 지켜야 한다. 그에 따라 마음도 급해진다. 그렇지만 숙취를 비롯해 피치 못할 사정들로 인해 제출한 하찮은 면피 발제들은 가끔 버려진다. 그러면 시키지 않아도 바로 가시방석에 올라가 눈치를 보게 된다. 직장인이기에 어쩔 수 없는 일이다.

오전 중 취재를 어느 정도 해 놓고, 점심에는 밥을 먹는다. 그러나 점심 역시 '점약'(점심 약속)인 만큼 주로 일의 연장선이 된다. 코로나19의 여파로 이전과 같은 '떼밥' 양상은 많이 줄어들었고 직전에 취소되는 약속도 많다. 가끔 가기 귀찮았던 약속, 어색할 것 같았던 자리가 취소되면 기쁘다. 그만큼이나 점약은 겉으로는 드러나지 않는 가욋일이다. 명함을 주고받고 나를 소속 매체명과 함께 소개하면서, 식사는 이미 끼니가 아닌 업무 미팅이 되기 때문이다. 가끔 혼자 밥을 먹거나, 알고 지내는 이들과 편하게 식사할 때가 그래서 좋다.

정 피곤하거나 바쁘면 점심을 거르고 마감을 먼저 할 수도 있고, 잠깐이나마 카페에 엎드려 졸 수도 있다. 시급을 다투는 마감이 없는 날이라면 반주를 조금 곁들일 수 있다. 주말을 앞두고 있거나 부장, 혹은 팀장이 없는 이른바 '무두절'도 괜찮은 날이다. 다만 무엇보다 티를 내지 않는 것이 미덕이 된다.

점심을 먹고 돌아오면 이제 본격적으로 마감을 한다. 매체에 따라 다르겠지만, 보통 조간에 지면을 내는 곳이라면 오후 3~4시 무렵에는 기자들에게 전화하지 않는 것이 좋을 터이다. 물론 기자들은 자신에게 걸려 오는 모든 전화를 강박적으로 받긴 하지만, 어쩌면 당신이 원하는 질 높은 대화는 나눌 수 없을지도 모른다. 기사를 송고하고, 내가 올린 기사에 어떤 제목이 붙는지 확인한다. 사실이 과정에서 기자 본인의 의견이 100퍼센트 반영되긴 어렵다. 그렇더라도 계속해서 들여다봐야 뜻밖의 불상사를 어느 정도 막을 수 있기 때문에 방심은 금물이다.

마감해도 퇴근할 수 있는 것은 아니다. 내일을 준비해야 하기 때문이다. 만약 내일 꼭 챙겨야 하는 브리핑이나 기자간담회, 재판을 비롯한 '일정'이 있으면 운이 좋은 편이다. 아니라면 뭐라도 '얘기가 될 만한' 거리를 찾아야 한다.

하지만 세상에 새로운 것이란 없는 법이다. 내가 쓰려고 했던 건 대부분 누군가 먼저 썼거나, 비슷하게나마 스쳐 간 내용이다. 가끔 재미있는 발제가 생각나면 기분이 좋다. "어떻게 해야 발제를 잘할 수 있나요?" 수습기자라면 누구나 하는 질문이다. 그리고 수습을 뗀 기자들로서는 대답하기 제일 어려운 질문이다. 대부분 다른 사람이 쓴 기사를 많이 보라고, 아니면 몇 년 전 이맘때에는 주로 어떤 기사가 나왔는지 확인하라고 한다. 그도 아니면 사람을 많이 만나다 보면 뭐라도 나올 수 있다고 한다. 모두 맞는 말이며 나도 그 효험을 본 적이 있다. 다만 대부분의 '팁'이 그렇듯, 아무리 맞는 말이라 해도 곧장 좋은 결과를 보장해 주지는 않는다는 것이 문제라면 문제다.

그야말로 '먹고 죽으려고 해도' 발제가 떠오르지 않는 날이면 면피를 시도한다. 면피는 말 그대로 면피(免避)라는 걸, 그 발제를 내는 나 자신이 제일 잘 안다. 누가 봐도 면피가 분명한 발제를 내는 날에는 '일보' 중 내 발제의 글씨만 작아 보였으면 좋겠다. 이렇게 면피 발제를 내는 날이면 항상 우울했는데, 어느 순간부터 그렇게만 생각하지는 않기로 했다. 어차피 하루는 금방 지나가고, 비슷하면서도 항상 다른 모습으로 돌아오기 때문이다. 그 점은 우리의 하루에서 가장 나쁜 부분이자 동시에 가장 좋은 부분이다. 얼마든지 다시 할 수 있으며, 하루하루 다를 수 있다는 사실 말이다.

내일을 어느 정도 준비하면 퇴근을 해도 된다. 운이 좋으면 빠르고, 운이 나쁘면 늦는다. 때로는 집에 갈 기운이 없어서 멍하니 앉아 있는 날도 있다. 그리고 가끔 당직을 서야 하는 날이면 퇴근 대신 회사에 들어가서 '내근'을 선다. 사무실로 출근하지 않아도 된다는 극강의 장점이 퇴색되는 순간이다.

당직자가 보통 하는 일은 모두가 퇴근한 시간에 TV 뉴스를 체크하고, '우라까이'[1]를 하는 것이다. 그렇게 해서 모두가 퇴근한 이후에도 기사 몇 편이 나가게끔 해야 한다. 솔직히 재미는커녕 의미도 없는 일이라고 여기기 쉽다. 그래도 모두가 퇴근한 사무실에서 불을 켜고, 음악을 들으면서 아무 생각 없이 키보드를 두드리는 건 가끔이지만 기분전환에 도움이 된다. 다만 다음 날 출근은 조금 피곤하다.

---

[1] 다른 곳에서 이미 낸 기사 등을 일부만 바꿔 새로운 기사처럼 쓰는 행위를 일컫는 은어.

퇴근 이후라고 마음이 편한 것은 아니다. 내일의 발제를 더 생각해야 할 때가 대부분이기 때문이다. 그렇지만 모든 자본주의 체제 아래 노동자들이 그렇듯, 퇴근 이후는 재생산을 위해 사용해야 하는 시간이다. 술을 마시거나, 운동을 하거나, 아니면 좋아하는 책을 읽고 영화를 보는 그 모든 것들. '일 얘기가 아닌' 재밌는 대화를 나눌 수 있는 친구들을 만나는 일. 그 모든 것이 오늘과 내일 사이에 필요한 완충지대가 돼 준다. 그리고 누워서 잠이 든다. 내일도 알람은 어김없이 새벽에 울릴 것이고, 남들보다 이른 시간에 눈을 뜰 것이다. 그리고 하루를 더 빨리 마주하게 될 것이다.

루틴이라고는 하지만 매일이 다르다. 누구에게나 그럴 것이다. 아침에 일찍 나온 날이면 피곤해서 빨리 집에 들어가고 싶고, 눕고 싶다는 생각도 자주 한다. 중간에 자주 졸기도 한다. 내가 하고 싶어서 하는 발제가 아니라, 그날그날 변수에 따라 지면을 채우기 위해서 위에 지시로 내려온 '오더(order) 발제'를 해결해야 하는 날도 있다. 오더 발제라는 어감에서 느낄 수 있듯이, 대부분은 아무도 하고 싶지 않은 일이다. 하지만 기자이자 동시에 회사에 속한 회사원이라면, 봉급생활자라면, 그런 일이라고 마다할 수는 없다. 기자라면 사무실에 안 들어가도 되고, 종일 사무실 사람들과 부대끼지 않아도 되고, 자유롭게 돌아다닌다고 여기곤 하지만, 우리도 어쩔 수 없이 회사 일에는 묶이게 된다.

누구든 대단한 사명감을 띠고 어려운 일을 해내는 하루도 있고, 별일 없는 채 지나가는 하루도 있다. 사회뿐이 아니라 회사에서도 욕하고 싶은 인간들을 수없이 만난다. 이렇듯 그냥 피곤하고 평범한 회사원의 얼굴을 한 우리는 다른 직장인들과 잘 구별되지 않는다. 다만 광화문이나 여의도 같은 서울 시내에서 백팩을 메고, 피곤한 얼굴로 통화를 하며 혼잣말을 하는 이들을 가끔 만나면 '기자겠거니' 추측해 볼 수는 있으리라. 우리는 그렇게 비슷하게 살고, 살 것이다. 매일을 함께.

8

폭력

　세상의 많은 폭력이 대물림된다. 군대 선임은 한때 후임이었던 자신을 떠올리지 못하고 새로 온 후임에게 폭력을 가한다. 시어머니는 며느리였던 자기 모습을 잊고 제 며느리에게 폭력을 행사한다. 선배는 다시 후배들에게 폭력을 물려준다. 폭력은 위에서 아래로 물처럼 흐른다. 개구리가 올챙이 적을 잊는다는 고루한 속담을 별로 쓰고 싶지는 않았지만, 살면서 대물림되는 폭력을 이야기하기 위해 이 뻔한 표현을 한 번 써 봤다.

　기자들의 세계에서도 역시 마찬가지다. 모두가 처음엔 후배였고 수습기자였다. 선배 때문에 울어 본 경험이 있는 이가 적지 않을 것이다. 당연히 나도 울었던 적이 있다. 처음 한 번은 사회부 수습 때였다. 선배에게 전화로 보고를 하다가 나도 모르게 갑자기 눈물이 왈칵 쏟아졌다. 별로 울 만한 이유는 아니었다. 선배는 내가 '사 쓰'를 열심히 하지 않는 듯 느껴진다고 평가하면서, 내가 나눈 모든 대화를 녹취해서 풀고, 1시간에 얘기될 만한 사건 1개를 주워 오는 '하드코어 버전'의 보고를 하도록 시켜야만 정신을 차리겠냐고 일갈했다.

선배의 꾸지람에 나도 잘하고 싶은데 의지대로 잘 안돼서 죄송하다 정도의 말을 하다가 엉엉 울고 말았다. 전화 너머 선배도 당황한 것 같았다. 그 뒤 선배는 회사를 한 번 옮겼다. 그 이후에는 오히려 더 편한 사이가 되어, 울었던 그날의 얘기를 가끔 한다. "너 그때 ××경찰서에서 왜 운 거야?" 하면 나는 정말 잘 모르기 때문에 "나도 모르죠, 뭐. 선배가 사이코패스였지, 그땐" 하고 만다(그리고 그냥 웃으면서 소맥을 '짠').

두 번째로 울었던 것은 사회부 다음으로 일했던 부서에서 팀장 선배와 통화를 하던 중이었다. 간단한 보도자료를 기사로 쓰는 일이었는데, 급한 마음에 오탈자를 냈고 지적을 당했다. "넌 그것도 하나 제대로 못 해서 어떻게 대학을 나왔냐?", "누가 너보고 빨리 하라고 했냐? 제대로도 못하는 게."

그런 말을 듣고 있자니 갑자기 눈물이 흘렀다. 이땐 좀 분해서 울었던 것도 같다. 나라고 이런 데 와서 이러고 싶었겠냐. 체계 있게 일을 가르쳐 주고 배울 만한 시간을 주는 회사도 아니고, 도대체 이런 폭력적인 지적에서 뭘 얻어 가란 말이냐. 자기는 뭐 일하면서 실수 한 번 한 적 없냐. 이런 생각이 꼬리를 물자 순간 억울해서 눈물이 났던 기억이 난다. 두 번째로 눈물이 나는 경험을 시켜 줬던 선배는 아직 회사에 남아 있다. 가끔 마주치면 "선배, 그동안 어떻게 지내셨어요?" 하고 반갑게 인사할 수도 있다. 난 그 선배가 나쁜 사람이라고는 생각하지 않는다.

그런 사소한 일들은 자주 폭력으로 규정되지 않는다. 일을 하면서 흔히 만날 수 있는 모습이고, 아직 배우는 단계인 만큼 겪어도 되는 일이라고 여겨진다. 이제 어느 정도 1인분 흉내는 낼 수 있는 연차가 된 나는 그런 과거의 경험을 떠올리면 마음이 복잡해진다. 내가 당했던 일들을 폭력이라고 말할 수 있을까. 그런 일들은 알아차리기 힘든 섬세한 방식으로 나에게 흔적을 남기고, 다른 방향으로 가지를 쳐 나간다. 그렇게 자란 나도 하나의 폭력이 됐다고 느낄 때가 종종 있다.

난 남들에게 얕보이고 싶지 않았다. 잔뼈가 굵은 경찰서 과장들, 기업의 홍보 담당자들은 그동안 수많은 기자를 만나 왔을 것이다. 그들 눈에 내가 그저 그런 저연차 기자로 보이지는 않을지 지나치게 의식했다. 기자님은 점심시간도 없이 전화하냐, 그게 도대체 왜 궁금하냐, 말해 줄 이유가 없다는 형사과장에게 똑같이 전화로 짜증을 냈다. "과장님은 언론 응대를 그런 식으로 하시나요?" 같은 말로 '센 척'을 했다. 부장께 말씀드려 제목 한번만 재고해 주실 수 없냐는 기업 홍보부장에게는 "제가 굳이 고쳐 드릴 이유가 없죠. 거짓말을 쓴 것도 아닌데" 하고 요청을 쳐냈다. 흡연구역에서는 한 대만 피워도 충분한 담배를 일부러 몇 대나 뻑뻑 피워 댔다. 자꾸 손가락 끝에서 문장들이 미끄러지는 날에는 입 밖으로 소리 내서 욕을 했다. 총을 맞으면[1] 거의 조건반사처럼 욕을 뱉었다. "아, 저 ×발놈 때문에 오늘 퇴근은 조졌네." 어떤 '투 머치'들의 향연.

폭력은 퇴근 이후로도 이어진다. 아직까지 남초인 기자사회에서 술을 잘 마시는 건 하나의 능력이다. 많은 술을 마시면서 '담타'[2]가 다가오면 적극적으로 '소셜 스모킹'[3]에 참여하고 새벽까지 함께 어깨동무하는 문화는 곧 돈독함으로 연결돼 추억으로 소비된다. '그때 그 엄청나게 마셨던 날들'의 사이를 비집고 들어가기 위해서라도, 나는 계속 센 척을 해야만 했다. 술을 마시면 얼굴이 금방 빨갛게 달아오르지만 계속해서 마셔 댔다. 술 취한 사람들의 전화를 자주 받아 줬다. 억지로 털털한 척을 했고 먹기 싫은 것도 잘 먹는 척했다. 원래 깔끔함을 떠는 성격은 아니었지만, 일부러 더 모든 것에 거리낌이 없다는 듯 굴었다. 내가 갖고 있었을 법한 어떤 섬세함은 무뎌졌고, 그렇게 무뎌져야 버티기 쉬웠다. 폭력은 눈치채기 어려울수록 살아남아 전이되기 쉽다. 그런 미세한 폭력은 이름조차 붙지 않은 채 무딘 틈새를 파고들곤 했다.

발화의 영역으로 가면 폭력을 알아차리기 조금 더 용이하다. "조지다"는 말을 자주 했다. "야, 저 새끼 조져!" 하는 표현은 사회적으로 조질 만한 악덕한 정치인이나 기업인을 대상으로도 쓰지만, 광고를 주지 않거나 협찬을 하지 않고 고깝게 구는 기업 담당자에게도 흔히 쓴다. 같은 기자끼리 모인 술자리에서 누군가 지각하면 농담 삼아 "늦게 오면 늦게 온 만큼 조져야지" 한다. 말을 잘 안 듣는 수습기자가 있다는 동료의 고민에는 "조지면 되는데 뭐 고민이냐?" 하고 만다.

도대체 뭘 그렇게 맨날 조진다는 걸까. 매일 쓰는 말과 사람을 대하는 태도에 자연스럽게 폭력이 배어났다. 배어난 폭력이 발밑에 웅덩이를 이뤘고, 그 웅덩이에 비친 내 모습은 곧 폭력이었다. 이렇게 될 거면 수습기자였던 난 도대체 왜 그렇게 울었던 걸까? 계속 날 무시하고 폭언을 하던 사수만 보면 심장이 너무 빨리 뛰어서 책장 아래에 숨겨 둔 신경안정제를 가방 속에 챙기고 다녔던 건

1) 갑자기 발생한 긴급한 사건 등을 전담하도록 위에서 급작스럽게 지시를 내린 상황을 일컫는 은어.

2) '담배 타임'의 줄임말. 흡연하는 시간이다. '담타 가실까요?', '담타 가시죠' 등으로 쓴다.

3) 딱히 담배를 피우고 싶지 않아도 (주로 남성인) 흡연자끼리 사람들이 많지 않은 곳에서, 또는 잠시 자리를 바꿔서 특정한 대화를 이어 가기 위해 만드는 '사회적 흡연 시간'이 있다. 고기자는 이를 남초 조직의 문화적 특성이라고 생각한다.

다 무슨 의미였을까? 쉬는 날이면 아무도 만날 엄두를 내지 못하고 14시간씩 죽은 듯 누워만 있던 건 대체 뭐였을까?

그건 하나의 문화였다. 기자가 아닌 친구들은 나에게 기자라면 할 말은 다 하고 살 수 있다는 게 부럽다고 했다. 하지만 그렇게 '다 하는 할 말'은 가끔 폭력적으로 발현됐다. 그런 방식으로 자신을 전달하고 표현해도 되는 것이 우리의 문화였고 기자로서 당연한 일이었다. 서로에게 일부러 상처를 주길 원하기라도 하는 듯 이야기를 나눴고, 그건 '솔직함'으로 자주 치환됐다. '원래 그래도 되는 것'은 세상에 없지만 '원래 기자사회란 그렇다'는 말은 많은 부분에서 문제제기를 차단하는 기제였다.

때로 폭력은 업무 바깥의 영역으로도 가지를 뻗었다. 나는 소중한 주변 사람들에게 내 감정을 올바른 방식으로 전달하는 데에 자주 실패하곤 했다. 거친 말을 뱉고 나서는 일 때문에 피곤해서 그렇다든지, 직업병이라 어쩔 수 없다는 둥 변명을 늘어놓았다. 그러지 않아도 될 부분에서 내 의견과 주장을 굽힐 줄을 몰랐고, 적당한 근거가 있으니 내 말이 무조건 옳다고 생각했다. 그게 이기는 거라고 생각했다. "어차피 남들한텐 얘기해도 이해할 수 없겠지", "취재를 하다가 나온 얘기는 직업윤리를 위해서라도 함부로 타인에게 말하면 안 돼" 같은 단언들로 나는 내 세계를 외부로부터 차단했고,

폭력은 그 안에서 곪아 갔다. 곪아 갈 때가 돼서야 상처가 상처였던 것을 알았고 이름을 붙였다. 내가 겪었던 일들이 명백한 폭력이었다고 그리고 나 역시 폭력적인 존재로서 타인에게 상처를 주고 있었음을, 그만큼 긴 사과를 앞으로 준비해야 함을 받아들였다.

'편않'을 포함해, 지난 2020년 나에게 인터뷰를 요청했던 매체들은 모두 내가 고기자로서 지적한 폭력의 문제에 공감했다. 실제로 그해 올렸던 "직업적인 자아의 폭력적 발현이 싫다"는 게시물은 '좋아요'가 가장 많은 게시물이었다. 그때가 돼서야 난 내가 폭력인 줄도 모르고 끌어안고 지내던 폭력을 조금 놓아줄 수 있었다. 함께 문제라고 느끼는 이들이 많다는 것을 확인했기 때문이다. 그 일이 나만의 문제가 아닌 구조적인 문제였다는 당연한 사실이 그제야 손에 잡혔다. 막연한 느낌만 있었던 부분이 확실해지면서 내 과거의 경험을 마주할 수 있는 용기가 생겼다.

나는 이 짧은 책의, 어렵지 않은 글을 쓰기 위해 당시에 썼던 일기와 기록을 다시 살폈다. 지금은 그런 생각과 표현을 하지 않기 위해 노력하지만, 당시의 기록에는 죽음이나 사고를 언급한 부분이 많았다. 내가 그때 얼마나 벼랑 끝에 몰려 있었던지 새롭게 알게 됐다. 동시에 다른 이들에게 상처를 주는 존재였음을 깨달으며 부끄럽기도 했다.

모든 글이 쓰기 힘들었지만 폭력을 이야기한 이 글은 특히 어려웠다. 구조적 문제는 개인이 해결할 수 없기 때문에 '구조적'이라는 수식을 붙인다고 배웠지만, 지금 이 문제에서는 내가 폭력을 거부하는 것이 문제 해결의 시작이라 믿는다. 이렇게 거부하는 이가 나 혼자가 아니라는 사실을 알기에 우리의 거부에는 조금 더 탄력이 붙을 것이고, 어쩌면 이 구조가 폭력이 아닌 쪽으로 1도라도 기울어질지 모른다.

나는 더 이상 쓸데없이 센 척을 하지 않는다. 내가 약하다는 것을 인정하고 솔직하게 도움을 요청한다. 모르겠으면 모르겠다고 말하고, 이야기를 나누고 싶을 때는 술 없이 이야기하는 방법도 배우고 있다. '조지다'와 같은 표현은 일부러 사용하지 않는다. 인간은 어느 정도 언어에 지배당할 수밖에 없다고 생각하기 때문이다. 대신 좀 더 친절해지려고 한다. 메아리처럼 돌아오지 않더라도 "감사합니다"라는 말을 붙이고, 의례적이나마 "좋은 오후 되세요"를 말미에 단다.

기자는 필연적으로 다른 사람들을 귀찮게 만들어야 하는 존재다. 때론 해를 끼치고, 본의 아니게 폭력을 재생산할 수 있는 존재다. 나는 무해해지는 것을 감히 바라지 않지만, 덜 유해한 존재가 될 수 있다고는 믿고 싶다. 그렇기 때문에 섬세함을 되찾으려 노력하고, 섬세함에서 느끼는 감동을 소중히 하려고 한다.

고기자가 예민한 방식으로 우리 안의 문제를 마주하고 있고, "그렇게 생각하는 사람이 나뿐만이 아니었음을 확인할 수 있어 좋다"는 메시지를 받을 때면 언제나 오래도록 들여다본다. 내 안에 굳은살처럼 박인 폭력을 깎아 내는 것은 결국 다시 예민함이다. 그리고 나를 넘어, 우리로.

9

참기자와 고기자

몇 년간 일하면서 나는 스스로를 좋은 기자라고 여겨 본 적이 없다. '좋은 기자'라는 개념이 비록 모호하기는 해도, 세간에서 통용되는 기준에 맞는 삶을 살지 못했기 때문이다. 영화 〈스포트라이트〉에서처럼 세상을 바꿀 거대한 내용을 다룬 적도, 진실을 밝혀 약자를 대변하는 정의로운 일을 한 적도 내 기억에는 딱히 없다. 한국기자협회나 관훈클럽 등에서 '기자상'[1]을 받은 적도 없고, 대단한 단독 기사나 화제가 된 '기획 기사'를 낸 적도 없다. 사내상 몇 번 받은 게 전부다(내 생각엔 퇴사하지 말라고 그냥 준 것 같다).

내 바이라인을 포털사이트에 검색해 나오는 기사들은 별로 특별하지 않을 것이다. 똑같은 내용의 기사가 수많이 쏟아져 나오는 세상에서 기자 한 명의 바이라인이 기억되기란 예전보다 훨씬

---

[1] 한국기자협회에서는 매달 '이달의 기자상'을 수여할 뿐 아니라 1년에 한 번 '한국기자상'을 수여한다. 관훈클럽에서도 '관훈언론상'을 수여하고 있다.

어렵다. 가끔 정치인 이야기가 나오는 기사를 냈는데 누군가 댓글로 "××아, 이 기레기야. 이거 쓰고 얼마 받았냐?" 물을 때 말고는 아무도 날 불러 주지 않는다. 내 외모까지 친히 평가하며 욕으로 점철된 메일을 보내는 사람도 가끔 있다. 그냥 딱 그 정도의 기자인 내가 쓴 기사들은 인터넷의 바다를 둥둥 잘 떠내려갔을 것이다.

〈스포트라이트〉를 떠올리면 여기는 미국이 아니고 한국이라는 항변이 마음 한구석에서 고개를 든다. 위수를 건너면 곧잘 탱자가 되고 마는 귤처럼, 어떤 긍정적인 저널리즘이 한국에 잘 뿌리내리지 못했다는 변명이다.

한국 언론사는 대부분 광고주로부터 자유롭지 못하다. 어떤 재벌들은 쇼핑하듯 언론사를 장바구니에 담는다. 언론사를 들고 있으면 공론장이라 할까, 그런 것을 움직인다는 폼도 나고, 사업상 필요한 '높으신 분들' 만나기에도 좀 더 쉽기 때문이리라. 언론 자체가 상품이 된 지금, 언론은 그 어느 때보다 자본주의 사회에서 움직이기에 가벼워졌다. 하지만 사람들은 더 이상 신문을 읽지 않고 TV 뉴스도 보지 않는다.

눈치를 봐야 하는 상대는 광고주뿐만 아니다. 기자들조차 배달 음식을 시켜 먹을 때면 밑에 신문지를 깐다. 종이로 된 신문만

팔리지 않는 게 아니다. '포털'을 끼지 않으면 온라인으로 나가는 기사도 쉽게 팔리지 않는다. 기사는 출퇴근 시간 동안, 스마트폰 스크롤 안에서만 소비된다. 한편 우리의 공장에서 만드는 기사들은 대형 포털사이트에 착착 납품된다. 포털에서 밀려나면 곧바로 클릭 수가 깎여 나가고, 제아무리 국가기간뉴스통신사[2]라 해도 어려움을 피치 못한다. 이런 환경에서 많은 기자가 자기 일에 의미를 찾지 못한다. 기자로서 당면하는 여러 입장 중 하나인 '어쩔 수 없는 직장인'이라는 이름은 종종 써먹기 편한, 빛 좋은 허울이 돼 주곤 한다.

그렇지만 동시에 많은 이가 보도편집권을 지키기 위해 목소리를 낸다. 좋은 기사도 여전히 많이 나온다. 상황을 비관만 할 수는 없으며, 단지 그런 움직임들을 우리가 모르고 지나치곤 할 뿐이라고 믿는다.

개인적으로 다행이라고 말할 수 있는 점도 있다. 난 아직까지 '거짓'을 쓴 적은 없다. 어찌 생각하면 아주 최악은 아니었던 셈이다. 다만 거짓을 쓰지 않는다는 것에 만족할 수는 없음을 안다. 이는 당연한 일이기 때문이다.

공명심(功名心), 직업 영역에서 성공하겠다는 야심 같은 개념

---

2) 『연합뉴스』를 일컫는다. 국내 언론사 중에서도 최대 규모의 취재망을 갖추고 있으며, 일반 언론사가 접근하기 어려운 지역이나 권역에서도 취재를 진행해, 원천 기사를 언론사들에게 공급하는 일종의 '뉴스 도매상' 역할을 한다. 『뉴시스』, 『뉴스1』과 같은 민영 뉴스통신사와는 달리 공적 지원을 받는다.

이 내게 너무 부족했던 탓일까. 학창 시절에도 시키는 것만 하고, 더 노력하고 경쟁해서 성적을 올리지는 않았다. 그렇게 살아왔던 태도를 일에도 그대로 적용해 왔던 것 같다. 그냥 하루하루 열심히 살고 거짓을 쓰지 않으면 된다고 여겼다. 누군가는 읽겠지, 누군가는 보겠지. 그리고 조금 다른 측면을 볼 수 있는 계기가 됐다면, 모르고 있던 사실을 알게 됐다면 그것으로 괜찮겠다고 생각했다.

딱 그런 정도로만 살아서 그런 걸까? 밖에 나가 내가 기자라고 말하기가 여전히 멋쩍다. 웬만하면 이야기하지 않는다. 구체적으로 무슨 일을 하는지 말하지 않으니, 의사 입장에서 나는 사무직 노동자라고 하기엔 술을 지나치게 마시는 특이한 환자일지도 모르겠다. 아무리 감추려고 해도 포털사이트에 이름을 검색하면 내가 하루 종일 무엇을 썼는지 곧바로 나온다는 사실에도 기분이 이상하다. 우연히 마주친 전 애인이, 헤어진 뒤에 포털사이트에서 내 이름을 검색해 보고 내가 어떤 회사를 다니는지, 어떤 분야를 취재하는지 보게 됐다고 이야기한 적도 있다. (도대체 그딴 걸 왜 검색했느냐고 물었더니, 내가 언젠간 기자가 될 거라 믿었기 때문이란다. 고~맙습니다!)

난 도무지 숨길 수 없는 일을 한다. 철저히 개인이면서도 공공 영역에서 일하는 누군가로 존재할 수밖에 없다. 내가 하는 일로 자신을 소개하고 싶지는 않은데, 내 한 부분을 소개하기 위해서는 어쩔 수 없이 일 얘기를 꺼내고, 사회 얘기를 곁들여야 한다. 이렇게 스스로를 소개하는 게 부끄러울 때가 더 많다.

어쩌면 그런 멋쩍음 때문에 '참기자'라는 표현을 쓰기 어려운 것인지도 모른다. 좋은 뜻으로 써야 할 접두사 '참-'을 부정적 의미로 쓸 때도 종종 있다. 많은 기자가 하루살이가 되고, 될 수밖에 없다. 그러한 와중에 자신만의 커다란 무엇인가를 취재하느라 바쁜 기자들이 있다. 그들은 때론 정말 좋은 보도를 해 내고, 세간도 인정하는 '좋은 기자'가 된다. 이들을 향해 "너 혼자만 참기자구나" 하고 내뱉는 원망 어린 말에는 다양한 감정이 내포돼 있다. 당장 막아야 할 지면이나 메우고 있는 자신을 향한 한탄, 그런 동료들을 두고 하고 싶은 일에 집중하는 참기자들에 대한 미움과 부러움, 그리고 어쩌면 내가 가진 특질들로는 참기자가 될 수 없음을 본능적으로 알기에 나오는 심술.

내가 아는 참기자들에게는 저녁은커녕 주말도 없었다. 그들은 자기 취재원과 깊은 관계를 맺기 위해서라면 함께 산에 오르기도 마다하지 않았다. 말 한마디라도 더 붙이기 위해 퇴근을 기다리고 출근을 기다렸다. 사랑조차 그렇게까지 해 본 적 없는 나는 참

기자가 되기 싫었다. 아니, 애초에 될 수 없음을 처음부터 알고 있었던 것 같다.

'참기자'라는 말을 올바로 쓰지 못할 그 마음을 안은 채, 반농담조로 "좋은 기사로 『기자협회보』에 실리지 못하면 만화로라도 실리면 된다"면서 '고기자'를 그렸다. 지금 생각해 보면 건방지기 짝이 없는 목표였다.

하지만 게으른 작업을 2년 가까이 이어 온 끝에 진짜 지면을 얻게 됐다. 그림을 정식으로 배워 본 적도 한 번 없는데, 진짜 지면에 들어가는 만화를 그리게 될 줄은 몰랐다. 웹툰과 출판 만화가 다르듯이, 인스타그램에 그림을 올리는 것과 그 그림을 전통적인 '4컷 만화'로 다시 지면에 담는 건 또 다른 일이었다. 그래도 한 달에 한 번씩, 글이 아닌 그림 마감을 하니 재밌고 설렌다. 이번 달에 우리 사회와 언론계에서 무슨 일이 있었는지 톺아보고 무엇을 그릴지 결정하는 일은 만만치 않지만, 나에겐 기사를 제외하고선 가장 중요한 업무다. 이번 달에도 좋은 만화를 그려 줘서 고맙다는 말을 들을 때면 참 뿌듯하다. 몇 년 전 나였다면, 글을 쓰며 월급을 받을 수 있다는 것만큼이나 만화를 그리고 고료를 받는다는 걸 상상조차 할 수 없었을 것이다.

그리고 난 여전히 인스타그램에 만화를 올린다. 되돌아보면 게임이나 숙취, 가끔은 일 때문에(일은 사실 중요한 변수가 아니다. 오히려 바쁘거나, 화나는 일이 생기면 뭐라도 그리고 자야겠다는 마음이 든다) 한동안 소홀했던 적도 있었지만, 올해부터는 '퀄리티'보다는 짧게라도 자주, 그때그때 떠오르는 작은 느낌들이라도 기록하기 위해 노력 중이다. 물론 메시지로 자기 소중한 이야기를 들려주는 이름 모를 동료들이 여전히 있다. 그렇기에 고기자는 줄곧 내 이야기가 아닌 모두의 이야기라는 사실을 계속 강조하고 싶다.

거창한 이야기가 될 것 같아서 망설여지지만, 고기자의 의미는 거기에 있을지도 모른다고 생각한다. 저널리즘의 본령은 결국 '총체적 진실'이라는 다소 아득한 목표를 향해, 사실들을 모아서 앞으로 나아가는 과정 아닐까. 그 흐르는 방향이 이른바 '사회적 약자'가 반드시 옳으며 선하다는 쪽은 아닐지도 모른다. 하지만 자기 목소리를 내기 더 어려운 이들은 분명 존재하기 마련이다. 그렇기 때문에 저널리즘의 키를 쥐고 있는 이들이라면 더 작은 소리에 귀를 기울이고, 빛이 덜 비추는 곳을 바라봐야 한다고 믿는다. 저널리즘은 그런 방향으로 움직여야만 한다고 믿는다.

고기자는 지나치기 쉬운 이야기를 기록해 왔다. 술자리에서

한 번 털고 넘어갈 수도 있는 이야기를 그냥 넘기지 않았다. 수습을 뗀 지 시간이 꽤 지났음에도 인스타그램 자기소개에 여전히 (수습)기자라고 달아 두고, 수습기자의 일상인 '뻗치기'나 '사쓰'를 지금까지 계속 다루는 이유도 '넘기지만은 않겠다'는 의지에서 기인한다.

다들 시간이 지나면 해결해 줄 문제라고 이야기해 왔지만, 시간은 구조적 폭력과 모순을 해결해 주지 않는다. 우리의 '업계' 역시 그럴 것이다. 돌이켜 보면 역사 속 혁명 대부분은 시간이 지나 저절로 일어난 것이 아니었음에서 위안을 구할 뿐이다. 그냥 두고 넘어갔을 문제를 누군가는 문제라고 기록해 남기고, 그렇게 쌓인 기록은 그 문제가 모두 함께 해결해야 하는 것임을 증명한다. 그리고 모두가 그것이 문제임을 알게 되는 순간, 이를 고치기 위한 힘이 작동한다. 그 힘은 혼자만의 것이 아니다. 이런 과정을 통해 조금도 움직이지 않을 것만 같았던 견고한 구조에 금이 가고, 그 틈새를 따라 우리는 조금씩 전진해 왔다. 우리의 세계는 그만큼 넓어지고, 혼자인 줄 알았던 방에서 빠져나온다. 그리고 그때 세상은 바뀐다.

할 줄 아는 것이 별로 없었고, '참기자'가 되기엔 부족했기 때문에 난 내 이름을 걸고 쓰는 기사 외에도 '고기자'가 되어서 만화를 그렸다. 그렇게 많은 이들과 소통했다. 그것 역시 어느 정도는 저널리즘이었을 것이다. 아마 몇 년간 그렸던, 많지 않은 만화를 보면서 누군가 문제임을 느꼈다면 내 의도는 조금이나마 달성된 셈이다. 고기자에게 있어서 저널리즘은 거창한 강령이기보다는 작은 일상이자 실천이다.

처음에 기자가 되기 위해 자기소개서를 쓰던 때, 자신의 장점을 묻는 항목에 "사람에 관심이 많다"고 썼다. 그러면서도 나는 새로운 사람을 만날 때마다 낯을 가리고, 자주 힘들어한다. 그렇지만 난 항상 누군가를 이해하고 싶다. 상대가 누가 됐든지 포기하고 싶지 않다. 그 누군가에는 내가 마주하는 많은 이들은 물론, 나 자신도 포함돼 있다. 나는 그래서 글을 쓰고 그림을 그린다. 내 이야기를 하다 보면 반드시라고는 할 수 없지만 누군가는 그걸 듣고, 때로는 자신의 이야기도 풀어내고 싶은 순간이 오리라 믿기 때문이다.

아마 그런 과정에서 이해가 시작되는 것 같다. 내가 쓰는 기사뿐 아니라 그리는 만화도 아직은 알지 못하는 누군가에게 가닿길 바란다. 적극적으로 뻗어 나가는 모양은 아닐지 모르지만, 내가 가진 많은 관심들은 조금 다른 방식으로 세상과 당신을 이해하기 위한 자원이 된다. 누구나 자기 안에 저마다의 세상을 갖고 있기 때문에 사람은 곧 세상으로 이어진다. 그렇기 때문에 난 사람을 통해 종종 세상을 본다. 일을 넘어서 고기자로서도 많은 사람을 만날 수 있었다. 그것이 내가 낮에는 일을 하고, 밤에는 그림을 그리는 이유다.

종 세상을 본다. 일을 넘어서 고기자로서도 많은 사람을 만날 수 있었다. 그것이 내가 낮에는 일을 하고, 밤에는 그림을 그리는 이유다.

10
끝

#1. 마감 후 담배를 피우며

"넌 언제까지 기자 할 수 있을 것 같아?"

"모르지. 근데 내일 쓸 건 있냐?"

"없지……."

"그럼 그거나 생각해라!"

"너 같은 애들이 그러다가 부장 다는 수가 있어. 조심해."

어떤 일이든 간에 끝이 정해져 있다는 건 허무하게 느껴진다. 내가 이 일을 계속한다면, 앞으로 몇 년간은 계속 '평기자'일 것이고 운이 좋으면 '차장'을 달 것이다. 그리고 조금 더 운이 좋다면 '부장'이 될 것이다. 이외에 다른 무엇이 될 수 있을까? 논설위원? 전문기자? 아직 평기자인 우리는 '부장이 돼라'는 말을 어떤 저주처럼 쓴다. 연차가 찬 선배 중에는 '차장을 달기 싫다'며 계속 승진 신청을 하지 않는 이들도 있다. 출입처의 아는 이들과 저녁을 하는 자리에서 가끔 "기자님, 부장 다실 때까지 계속 일 하서야죠" 하는 농담을 들으면 손사래를 친다.

그런 반응은 우리가 늘 봐 온 '답답한' 데스크들을 향한 얄미운 마음에서 나온 감정 때문일 수도 있다. 하지만 그보다는 일하는 존재로서의 내 본질에 대한 두려움에 더 가깝다. 내가 여기에서 몇 년을 더 일하면 지금보다 더 좋은 기자가 될 수 있을까? 남 보기에는 그렇다 치고, 우선 나 자신에게 부끄럽지 않을 정도는 될 수 있을까? 그 질문에 난 아직도 대답을 할 수 없다. 계속 미적지근하게 굴다가 결국 용단을 내리지 못하면 나는 어떻게 될까? 차장을 달고 부장을 달고, 내 '사쓰' 무용담을 이야기하게 되면 어떡하지?

물론 내가 차장을 달기도 전에 회사가 망할지도 모르니 그런 생각조차 감히 할 수가 없다고 자주 동료들과 농담을 한다. 그만큼 오늘날 언론사는 어디라고 할 것 없이 모두 쉽지 않은 상황에 놓여 있다. 그래서 미래와 끝을 이야기하기가 예전보다 훨씬 더 어려워졌다. 대충 정해진, 끝일 듯한 방향을 바라보고는 있지만, 무엇인가를 열심히 제대로 하기엔 늘 시간이 없다는 변명을 댄다.

나 역시 장기적인 계획을 세우지 못하고 있다. 당장 내일 할 일을 생각해야 한다는 좋은 핑계도 있다. 한때 유행하던 책 속 문구처럼 "하루하루는 성실하게, 인생 전체는 되는 대로" 사는 것이다. 그렇게 나는 많은 판단을 성실함이라는 허울 좋은 미명 아래 유보하곤 한다. 물론 일장일단이 있다. 오늘 하루 실수를 해도 내일 잘하면 되고, 내일도 실수했다면 내일모레 잘하면 된다. 실수 역시 빨리 잊을 수 있다. 하지만 장기적으로 계획을 세우고 대비하자니 시야가 좁아진다. 내가 단언할 수 있는 건 고작 하루 정도이기에 한 치 앞을 알 수 없다. 한 치 앞도 모르고 열 길 물속도 모르고, 한 길 사람 속도 모른다. 수없이 누군가를 만나고 '내일 자'에 들어갈 글을 쓰면서도 모르는 게 참 많아졌다.

결국 무엇을 할지, 어떤 끝을 바랄지는 항상 중요한 주제다. 같은 해에 입사했던 동료 몇이 최근 이직을 하면서 그런 생각을 좀 더 많이 하게 됐다. 내가 지금 일에 만족을 느끼지 못한다면 회사 탓일까, 아니면 기자라는 업(業) 탓일까. 그것도 아니라면 나 자신의 탓일까. 정해진 끝을 원하지 않는다면 지금 당장 무엇을 할 수 있을까. 이렇게 혼자 고민해도 그다지 답을 얻을 수 없는 주제를 계속 생각한다. 다만 그런 생각은 대부분 나를 금방 우울하게 만들기 때문에 오래 파고들 수는 없다. 친한 동료들과 자주 얘기해 봐도, 결국은 내일도 출근해야 하는 현실을 바꿀 수 없기 때문에 "일단은 더 같이 힘내 봐요" 하고 만다. 그런 격려는 분명 큰 위로가 된다. 그러면서도 우리가 이 일을 하는 이상 주체적으로 다른 끝을 만들기 어렵다는 사실을 지울 수는 없다.

이 모든 것을 깨닫는 순간은 주로 취한 채 집에 와 씻고 누워서, 술이 조금씩 깨는 느낌이 들 때쯤이다. 시간이 잘 가지 않아 답답하고 깊게 잠들고 싶을 때 술을 마시는 편인데, 요즘은 이런 생각 때문에 술도 소용이 없다고 느낀다. (그러면 그냥 술을 끊으면 될 텐데……) 끝은 어디일까?

#2. 오후 아이템 회의 (우리는 '줌' 따위는 모른다)

"부장이 이번 주 갑자기 기획 하나 하라고 해서. 근데 지난주에 면톱[1]으로 분명 썼는데 왜 또 쓰라고 하는 걸까?"

"그럼 지난주랑 어떻게 차별화를 해야 할까요?"

"모르겠다. 그냥 오늘 ××(다른 매체명) 전면 기획[2] 보고 갑자기 꽂힌 것 같은데."

"이런 걸 언제까지 해야 할까요? 의미도 없는걸."

가벼운 숙취와 함께 출근하면 또다시 뭐 하러 출근을 했나 싶다. 어떻게든 쥐어짜 내서 일을 하는데 위에서는 또 말이 안 되는 지시를 한다. 부장도 이 부서가 처음이라면 현안을 잘 모를 수 있다. 나도 부서를 옮기면 늘 적응에 고생하기 때문이다. 모르는 건 당연히 잘못이 아니다. 그렇지만 이상한 요구를 하고, 뚜렷한 방향도 보이지 않는 지시를 내린다면 따르기도 맞추기도 어렵다.

게다가 그저 다른 매체의 기사를 보고선, 똑같은 걸 해 보라고 하면 좀 성의가 없는 것 아닐까. 내가 저런 부장이 될지 모른다고 생각할 때면 두렵다. 사실 그런 부장이 되는 것 이전에 별것 아닌 선배, 제대로 하는 것도 없이 목소리만 내는 불성실한 사람으로 보일까 봐 무섭다. 그건 단순히 미움 받을까 두렵다는 감정을 넘어서, 이 조직과 사회에서 내가 제대로 역할을 하고 있는지 묻는 근본적인 의문에 더 가깝다. 수습만 떼면 괜찮아질 줄 알았는데, 연차가 쌓일수록 그 연차에 따르는 고민은 점점 더 무거워져 간다.

내가 나의 무게로 고개를 들지 못한 채 어려움을 거듭하고 있을 사이, 수습기자 채용에 지원하는 이가 해마다 줄어드는 추세라고 한다. 처음에는 우리 회사가 인기가 없는 줄로만 알았는데, 알

---

1) 신문 한 면의 맨 위에 들어가는 기사를 주로 '면톱'이라고 칭한다.

2) 신문 1면에는 하루의 주요 이슈뿐 아니라 각 언론사가 중점을 두고 있는 기획도 반영된다. 주로 기획을 소개하는 짧은 기사가 1면에 들어가고, 나머지는 'n면에서 계속'되는 식으로 이어진다.

고 보니 꼭 우리 회사 사정만 그런 것도 아니었다. 회사는 채용공고 홍보가 잘 되지 않았고 코로나19라는 변수도 있었기 때문이라 설명했다. 하지만 회사 내에는 그에 동의하지 않는 이가 많은 것 같았다. 여전히 수습기자 면접에선 '여자인데 뭐 하러 힘든 기자를 하려고 하느냐', '일이 힘든데 도망치지 않을 자신 있느냐', '술 잘 마시고 공 좀 차느냐' 따위 질문으로 겁을 주는 일이 생긴다. 이렇듯 우리의 '힘듦'은 곧잘 과시이자 자기 위로가 되곤 한다.

그만큼 기자는 더 이상 좋은 직업, 아니 선망하는 직업이 아닐 것이다. 일하기 쉽지 않다는 사실이야 이미 다들 안다고 해도, 그에 상응하는 월급을 받을 수 있는 것도, 보람을 챙길 수 있는 것도 아니라면 섣불리 도전할 이유가 없지 않은가. 지금도 우리 사회는 시행착오를 용서하지 않는 방향으로 흘러가고 있으니, 젊다는 이유로 이 일을 권유하기란 때론 무책임한 일임을 모두가 알고 있다. '언론고시'라 불리는 기자시험에는 여전히 정해진 답이 없다. 어쩌면 이런 말도 안 되는 시험을 치고 들어왔기 때문에, 우리의 끝이라는 것도 말이 안 되는 건 아닐까? 수천 자에 달하는 자기소개서와 논술, 작문, 그리고 실무평가와 면접까지. 그 지지부진한 단계를 모두 거친 이들이기에 함께하자고 말하기가 더욱 쉽지 않다. "너, 우리의 동료가 돼라!" 같은 말은 만화에서나 거침없이 할 수 있는 소리다.

이해할 수 없는, 내 미래가 아니기를 간절히 바라는 '데스크'의 이상한 지시들을 받다 보면 그런 생각이 더욱 짙어지곤 한다. 그럼에도 여전히 누군가를 기다린다. 우리의 끝은 어디일까?

#3. 어느 날인가의 회식

"야, 미안하다. 내가 해 준 것도 없는데……"
"선배, 무슨 말을 헤어지는 애인처럼 하세요. 아니에요……"
"아니다. 그냥 내가 다 생각해 보니까 미안한 것 같아서 그래……"
"아, 선배. 방금 그건 진짜 좀 그랬어요……"

괴로운 자들은 서로를 보듬어 주는 것 말고는 할 수 있는 일이 많이 없다. 우리는 그렇게 자리를 지켜 왔고 서로를 응원했다. 가진 것이 없어도 서로 나눌 정도는 있었고, 그 사실은 가장 큰 위로가 되었다. 급하게 막아야 하는 큰 기획을 마무리하면서 힘겨운 하루를 보낼 때, 때로는 먼 지방 취재를 다녀오던 길 위에서, 그래서 난 울지 않을 수 있었다. 종종 어떤 폭력들에 지치기도 했지만 좋은 사람 역시 충분히 많다는 사실을 잘 알고 있다. 때로 떠나는 사람도 있었지만 난 한 번도 그들을 원망하지 않았다. 단지 새로운 곳에서 꾸릴 새로운 삶을 응원할 뿐이었다. 어떻게 되었든 간에 우리가 함께 보냈던 시간은 영원할 것이라는, 조금 뻔한 생각을 하면서 말이다. 그래도 우리는 내일 함께 무거운 머리를 짚으며 출근을 할 것이고, "어제 잘 들어갔니?"라는 말을 남길 것이기 때문이다.

지금까지 수많은 #1~3을 반복했다. 내가 이 일을 계속한다면 끝을 향해 가면서 '무한반복'에 돌입할 것이다. 그래서 #1~3 속 대사들은 말하는 이가 정해지지 않았다. 우리는 서로 역할을 자주 바꾸고, 때로는 역할 없이 저 모든 대사를 독백으로 쏟아 낼 수도 있다. 그리고 가끔은 막막한 세상에다 대고 외치는 방백이 될 수도 있다.

다만 저 지겨운 반복 속에서 우리가 조금 더 자리를 다져 나갈 수 있다는 기대가 어렴풋이 든다. 매일 똑같은 하루라지만, 분명 다른 부분이 존재한다. 끝이 정해져 있는 것 같으면서도, 그 끝이 어디인지 모르겠다고 알기 어려운 푸념을 늘어놓았지만, 사실은 그게 끝의 본질 아닐까. 기자라는 과정을 거쳐 다른 길을 가는 이도 있고, 새로운 선택을 하는 이도 존재한다. 때로는 같은 회사에 있는 사람들보다 '같은 출입처' 사람들과 더 깊이 있는 만남을 할 수도 있고, 나와는 너무 달라 이해하기 어려울 것만 같았던 이들을 새롭게 볼 수 있는 기회도 얻을 수 있다. 그리고 그 과정을 기사를 통해 나눌 수도 있다. 이 모두는 기자가 아니었다면 분명 하지 못했을 멋진 경험이다. 그렇다면 이 모든 반복에도 의미가 아주 없는 건 아닐 테다. 반복을 거듭해 온 우리의 끝은 정해지지 않았고, 않을 것이다.

'고기자'를 그리면서 언론사 입사를 꿈꾼다는 많은 이들과 대화를 나눌 수 있었다. 이들 중 몇은 실제로 기자가 됐다고 했다. 고기자를 현장에서 만나면 인사를 하고 싶다고도 말해 줬다. 그들과 함께한다면 반복이 조금은 달라질 것 같다. 그래서 나는 아직까지는 그들과 함께 어떤 '끝'을 더 찾아보고 싶다.

10.5

뒤끝

책을 써 보지 않겠느냐는 제안을 처음 받은 것은 올해 초였다. 출장으로 지방에 내려와 있었고, 마음이 시끄러운 와중에 방음마저 기대할 수 없는 낡은 모텔 방에서 잠들지 못한 채 메일로 온 기획안을 읽었다. 나는 할 얘기가 별로 없다고 생각했고 딱히 하고 싶은 말도 없었다. 에세이라는 글쓰기 방식이자 장르에도 회의감이 있었고, 쓰는 것에 서투른 내가 써 봤자 '안물안궁'(안 물어봤고 안 궁금한) 이야기가 될 것 같아서 마음에 걸렸다. 나 스스로를 한 번도 괜찮은 기자이자 직업인이라고 생각해 본 적이 없었기 때문에 더욱 그랬다.

제안을 받은 이후 몇몇 친구에게 내가 그런 글을 써도 괜찮을지 상담했다. 친구들은 무엇 때문에 고민하느냐고 물었고 나는 고민을 풀어냈다. 그러자 친구들은 일단 써 보면서 정리하고 생각해 보라고 했고, "고기자가 고기자의 이야기를 쓰지 않는다면 누가 쓰겠냐?"라고도 말했다. 그 덕분에 마음을 조금 굳힐 수 있었다.

거의 모든 글이 그랬지만, 이 짧은 책에 실린 글들은 특히 쓰기 괴로웠다. 글쓰기가 두렵지 않았던 때도 있었는데 그 시절은 까마득하게만 느껴졌다. 옛날에 썼던 일기와 메모 등 흔적을 마주하는 건 곧 다시 한번 그때의 마음을 들여다봐야 한다는 뜻이었고, 그 속의 우울과 폭력을 되새겨야 한다는 말이기도 했다.

그렇지만 그 과정이 곧 혼자만의 일이 아니라는 것을 이내 깨달았다. "그때 내가 진짜 그렇게 말했어?"(내가 그런 '개소리'를 했다는 것을 믿기 어려웠다) 하며 확인하는 과정에서 나는 동료들과 다시 과거로 돌아갔고, 당시 함께 나눴던 '우리'의 생각을 재차 마주했다. 현장에서 함께했던 수많은 이들에게 가끔 부끄러움을 무릅쓰고 글을 보여 줬고, 이 글이 '기자가 아닌 사람'에게는 어떻게 읽힐지 궁금해서 기자가 아닌 다른 일을 하고 있는 여러 친구들에게도 보여 줬다. 그들은 솔직한 감상과 나를 향한 애정 그리고 신뢰로 응답해 줬다. 글을 통해 누군가를 새롭게 만나 볼 수 있다는 당연한 사실을 체감하는 순간이었다.

그러나 어느 순간에는 쓰지 못한다는 것이 더 괴롭기도 했다. 그럴 때면 내가 오래전부터 좋아했던 한 시인이자 기자가 자신의 시작(詩作) 노트에 "글을 쓰지 못한다는 무력감이 육체에 가장 큰 적이 될 수 있다는 것을 느꼈다"라고 적었던 것이 떠올랐다. 그날 하루 나가야 할 기사들을 송고한 후 잠시 닫았던 노트북을 다시 열며 깊게 숨을 고르고, 진짜 '내 글'이 잘 나오지 않는다는 감각을 느낄 때마다 괴로웠다. 하지만 그 마음들을 정리할 때가 있다면 그건 바로 지금이라는 확신이 있었고, 그래서 최선을 다해 썼다. 여전히 부끄럽지만 이건 차차 감당해 나가야 하는 감정일 것이다.

매일의 기사도 아직 부끄러운데, 내가 쓴 '내 글'을 보여 주는 건 더 쉽지 않다. 작년에도 '편않'의 인터뷰집을 통해 짧게 내 얘기를 하고 글을 쓴 적이 있었다. 나름대로 주변에 말했다고 생각했는데, 그런 좋은 일이 있었는데 왜 자랑하지 않았느냐고 뒤늦은 책망을 듣기도 했다. 올해는 작년보다 더 많은 사람들에게 이야기했고, 그들은 기다릴 것이라고 말해 줬고, 난 기쁜 마음으로 보여 주기 위해 노력했다. 점점 더 나아지는 셈이다. 앞으로도 그러고 싶다. 이 글을 쓰고 있는 새벽, 나에겐 내일 발제가 아직 없고 언제까지 기자를 더 할 수 있을지도 모른다. 그렇지만 일단은 출근을 하고 다시 세상을 보고 누군가를 만날 것이다. 이 글은 지금도 고민하고 있는 나, 그리고 당신, 그렇게 '우리'를 위해 쓰였다.

추신. 조금 더 자리가 주어진다면 이 글이 책이 돼 세상에 나오기까지 함께해 주신 '편않'의 이름들을 적고 싶다. 좋은 제안으로 새로운 경험을 느끼도록 이끌어 준 지다율 편집자, 부족한 글을 꼼꼼히 함께 읽으며 보다 나아질 수 있도록 다듬는 어려운 작업을 함께해 준 정지윤 편집자, 그리고 이 글을 종이에 새겨 한 권의 책이 되게끔 만들어 준 기경란 디자이너, 그 외 고기자가 아직 만나 보지 못한 '편않'의 구성원들에게도 감사를 전한다.

진짜로 마지막 '추신'('뒤끝'이 길어서 그렇다). 각자의 자리에서 이 책을 읽으며, '우리'를 생각해 준다면 감사하겠습니다. 내일도 무사히 하루를 마치길 기원합니다. 조금이라도 생각해 주시고, 나누고 싶으시다면 저녁에 맥주를 마시자는 핑계로 절 불러 주시면 더 고맙겠습니다.

한 컷 정리

#오늘의 이슈
일정
지면제작안
당번은 ×××
#1. 들어가며

기자가 장난이야?
#2. 역할놀이
주의하겠슴다!

정례 브리핑을 시작하겠습니다
#3. 뒤로

경악
♥
뭅쓸짓
충격
악
콰쾅!
논란
왜?
××녀
파격노출
열애
#4. 제목

내가 지금 하는 이 질문 어쩐지 아까 기자분이 하신것같아 그런데 왜 나는 억지로 질문을 짜내서 이런 말도 안되는 시간끌기와 시선집중을 느게 됐을까? 그리고 아까 목소리 약간 걸려서 찌질해 보였을 것 같다 그냥 나대지 말걸 그랬다 근데 또 나만 안 하면 눈치보이기도 하고 참내 나도 모르겠다 질문? 궁금한게 많을 때도 있긴 있지요...
하지만 또 질문을 하지않는다면 이런분위기 속에서 나는 왠지 바보처럼 보이지는 않을까 근데 사실 난 바보이기도 하지 그냥 이런생각할 시간에 손을들고 질문을 하기는하지만 이게 과연 의미는 있는것일까? 그래도 또 이러면서... 이 시간을 넘겨야 이제 마치겠습니다 하는것이지 그렇게라도 이 빈공간을 채우면 되는게아닐까? 모르겠다 이제나는 내자신에 대해서도모르는데 무슨질문을하겠다고도 이렇게 나대고 있는가요...
으악!
이제 생각을 생각하는 걸 멈춰!!!
××신문 고기자입니다
질문... 하나만
#5. 질문
한 컷 정리

#6. 떠남

떠나는 자는 말이 없다!
~홀가분~
VS
지금 절 두고 어디 가시는 거에
함께 하기로 했잖아요
저에게도 의견표 ~명과
발언기회가 응당 주어 ~
것이 아닐까요 정말 어지전
해결하고 논의 하고싶었
~착잡눈물~
~구질구질~

#7. 하루

#.8 투력

#9. 참기자와 고기자

마감~ (은 새로운 시작)
마감
제
출
마감제출
끝
#10.

(넘어간 지면도 다시 보듯)
#10.5
뒤끝
(끝날 때까지 끝난 게 아닙니다)

편집자 코멘터리

거기에도 사람이 있다

수없이 음식을 먹고, 옷을 입고, 글을 읽고, 콘텐츠를 즐기면서도 음식이며 옷, 글, 콘텐츠를 만드는 '사람'을 잊곤 합니다. 그러나 지은 이 없는 물건은 없는 법입니다. 제가 누리는 어떤 것에나 누군가의 고민과 수고가 깃들어 있습니다. 이 사실을 새삼 깨달을 때마다 당혹스러우면서도 즐겁습니다. 함께 이 세상을 살고 엮으며 발버둥치는 수많은 동료들을 발견하는 까닭입니다.

물론 같은 세상을 산다는 이유만으로 동료라 부를 수는 없다는 핀잔을 들을지도 모릅니다. 혹은 저로부터 동료라는 애정 어린 호칭을 듣고 싶지 않다며 거절할 수도 있겠죠. 그러나 이 또한 반

가운 일입니다. 핀잔이나 거절 역시 이 난폭하고 공허한 세상을 탐구하며 삶을 한 칸 한 칸 쌓아 나가는 숙고이자 노력이니까요.

각설하여, 글 또한 지은이 없이 태어날 수 없습니다. 매일 마주하는 책이며 뉴스 뒤에는 오늘을 살며 분투한 사람이 있습니다. 다른 모든 이들과 마찬가지로, 온갖 이상과 좌절과 도전과 한계와 용기와 체념 사이를 오가며 자기 자리를 찾아 땀 흘리는 동료가 있습니다. 당황스럽지만 감사한 사실입니다.

그렇기에 〈우리의 자리〉 시리즈를 시작하는 마음은 더욱 각별합니다. 여기서 우리는 언론인과 출판인의 에세이를 소개하고자 합니다. 출판도 언론도 우리가 세상을 만나는 중요한 통로 중 하나인데, 이 통로 또한 사람이 지어야 합니다. 하지만 많은 언론인과 출판인은 글을 쓰고 글을 다루면서도 정작 자기 이야기는 감춰야 할 때가 많습니다. 마치 그 자리에 없는 듯 스스로를 숨겨야 합니다. 물론 이것이 통로를 짓는 이가 감당해야 할 숙명인 순간도 있습니다. 하지만 언론인과 출판인은 또한 생활인이자 직장인입니다. 누구나 그러하듯 하루하루 일과를 견디며 다른 하루를 살아 낼 동기를 찾는 동료입니다.

특히 고기자 작가의 글은 기사 너머에서 존재하며 살아가는 기자를 조명합니다. 그의 에세이에는 진솔하다는 표현이 무색할 만큼 절절한 기자의 일상이 배어 있습니다. 그렇습니다. 일상이란 원래 절절한 일입니다. 때로 나의 절절함에 무뎌지면서 타인의 일상도 더는 절절히 다가오지 않지만, 누구에게나 일상은 고된 시간을 헤치고 나가는 여정입니다.

고기자 작가의 에세이는 이 사실을 곳곳에 새겨 놓았습니다. 때로는 실패하고 잊고 낙담하지만 끝내 이 사실을 놓치지 않기 위해 몸부림친 흔적이 가득합니다. 자신과 타인의 고통도 기쁨도 기대도 실망도 하찮게 여기지 않으려는 진중함과 다정함, 세심함이 선명합니다.

때때로 우리에겐 공허하고 외로운 삶을 달랠 동료가 필요합니다. 우리는 결코 서로에게 답이 될 수 없겠지만, 어쩌면 함께 답을 찾는 동료는 될 수 있을지도 모릅니다. 이 책에 담은 고기자 작가의 글과 그림이, 많은 독자에게 그 동료를 찾는 통로가 되길 기도합니다.

저자 **고기자**

여전히 현장에서 '어리버리'한 모습을 보이는 4년 차 기자. 대범하고 호탕하진 않지만 섬세하고 예민하기 때문에 여전히 기자로 일하고 있다. 여전히 세상에는 들을 이야기와 할 말이 남아 있다고 믿는다.

편집자 **정지윤**

2017년부터 출판공동체 편않에서 기획편집자로 활동하고 있다. 저서로는 『세상 끝 아파트에서 유령을 만나는 법』이 있다.

디자이너 **기경란**

출판공동체 편않에서 기획 및 디자인을 맡고 있다. 그리고 또 어딘가에서 북디자인을 하고 있다. '고전문학 덕후'라는 별명을 가지고 있다.

언론·출판인 에세이 시리즈 〈우리의 자리〉는

언론·출판 종사자가 각각 자신의 철학이나 경험, 지식, 제언 등을 이야기해 보자는 기획입니다. 언제부턴가 '기레기'라는 오명이 자연스러워진 언론인들, 늘 불황이라면서도 스스로 그 길을 선택하여 걷고 있는 출판인들 스스로의 이야기가 우리 사회의 저널리즘과 출판정신에 어떻게 기여할 수 있을지 계속 고민해 보려고 합니다.

출간 목록

『박정환의 현장: 다시, 주사위를 던지며』

『손정빈의 환영: 영화관을 나서며』

『고기자의 정체: 쓰며 그리며 달리며』

〈근간〉

『안영이의 레이어』

『믿기자의 고심』